清华电脑学堂

Project
项目管理软件标准教程

甘玮 ◎ 编著

清华大学出版社
北京

内 容 简 介

Project是目前市场上通用的主流项目管理工具软件，和Microsoft Office办公软件同属于微软公司研发的产品。本书以图文并茂的组织形式、通俗易懂的文字描述详细介绍了Project的使用方法和操作技巧。

全书共10章，内容涵盖Project项目管理概述、项目文档的创建和管理、项目任务的管理、项目资源的管理、项目成本的管理、项目报表的使用、项目进度的跟踪、项目的分析与调整、项目文档的美化以及多项目管理。每章正文中穿插"动手练"操作案例，结尾安排了"实战案例"和"新手答疑"两大知识板块。

全书结构编排合理，所选案例贴合实际工作，可操作性强，不仅适合项目管理人员、办公自动化人员以及Project爱好者阅读使用，还适合作为各类高等院校相关专业教材，以及作为社会培训班学员的培训手册和参考资料。

本书封面贴有清华大学出版社防伪标签，无标签者不得销售。
版权所有，侵权必究。举报：010-62782989 beiqinquan@tup.tsinghua.edu.cn

图书在版编目（CIP）数据

Project项目管理软件标准教程：全彩微课版 / 甘玏编著. —北京：清华大学出版社，2021.4（2024.6重印）（清华电脑学堂）
ISBN 978-7-302-57599-3

Ⅰ.①P… Ⅱ.①甘… Ⅲ.①企业管理－项目管理－应用软件－教材 Ⅳ.①F272.7-39

中国版本图书馆CIP数据核字(2021)第033793号

责任编辑：袁金敏
封面设计：杨玉兰
责任校对：胡伟民
责任印制：宋　林

出版发行：清华大学出版社
　　　　　网　　　址：https://www.tup.com.cn，https://www.wqxuetang.com
　　　　　地　　　址：北京清华大学学研大厦A座　　邮　　编：100084
　　　　　社 总 机：010-83470000　　邮　　购：010-62786544
　　　　　投稿与读者服务：010-62776969，c-service@tup.tsinghua.edu.cn
　　　　　质 量 反 馈：010-62772015，zhiliang@tup.tsinghua.edu.cn
印 装 者：小森印刷霸州有限公司
经　　销：全国新华书店
开　　本：170mm×240mm　　印　张：14　　字　数：330千字
版　　次：2021年4月第1版　　印　次：2024年6月第4次印刷
定　　价：59.80元

产品编号：088933-01

前 言

首先,感谢您选择并阅读本书。

本书致力于为Project学习者打造更易学的知识体系,让读者轻松愉快地掌握项目管理工具的使用,将项目管理水平提高到一个新的层次。

全书以理论与实际应用相结合的形式,从易教、易学的角度出发,全面、细致地介绍Project项目管理软件的操作技巧,在讲解理论知识的同时,还设置了大量的"动手练"实例,以帮助读者进行巩固,每章结尾均安排了"案例实战"及"新手答疑"板块,既培养了读者自主学习的能力,又提高了学习的兴趣和动力。

本书特色

- **理论+实操,实用性强**。本书详细介绍Project软件的操作技巧,并配备相关的实操案例,使读者能够学以致用。
- **结构合理,全程图解**。本书采用全程图解的方式,让读者能够直观地了解到每一步具体的操作,学习轻松易上手。
- **知识点拨,错误规避**。本书在每章均穿插多处"知识点拨"和"注意事项"体例,在拓展知识面的同时,提醒读者规避一些常见错误。
- **疑难解答,学习无忧**。本书每章安排"新手答疑"板块,其内容主要针对项目管理过程中一些常见的疑难问题,让读者能够及时处理好在学习或工作中所遇到的问题,同时学会举一反三地解决其他类似的问题。

内容概述

全书共10章,各章内容如下。

章	内 容 导 读	难点指数
第1章	主要介绍Project的入门必备知识,包括项目管理概述、项目管理的要素及特征、项目管理的应用领域、Project软件的基础操作等	★☆☆
第2章	主要介绍如何创建和管理项目文档,包括如何创建项目文档、项目信息的配置、如何编辑项目日历、保存以及保护项目文档等	★★☆
第3章	主要介绍项目任务的管理,包括新建项目任务、编辑项目任务、设置其他任务信息、设置任务链接等	★★☆

（续表）

章	内 容 导 读	难点指数
第4章	主要介绍项目资源的管理，包括创建项目资源、设置资源信息、了解资源的分配方式、调配资源等	★★☆
第5章	主要介绍如何管理项目成本，包括项目成本概述、项目成本的设置方法、项目成本的分析与调整等	★★☆
第6章	主要介绍项目报表的使用，包括项目报表介绍、新建项目报表、报表的打印等	★★☆
第7章	主要介绍如何跟踪项目，包括设置项目跟踪方式、更新项目、跟踪项目情况、监视项目进度、查看其他项目信息等	★★☆
第8章	主要介绍如何分析与调整项目，包括资源问题的修改、日程安排的调整、项目问题的解决等	★★★
第9章	主要介绍如何美化项目文档，包括图表视图区的美化、工作表区域的美化、图形和组件的插入、日程表设置、其他视图的美化等	★★☆
第10章	主要介绍如何进行多项目管理，包括创建共享资源文件、管理多重资源文件、项目的合并与管理等	★★★

附赠资源

● **案例素材及源文件**。附赠书中所用到的案例素材及源文件，读者可扫描图书封底二维码下载。

● **扫码观看教学视频**。本书涉及的疑难操作均配有高清视频讲解，读者可以通过扫描知识点旁边的二维码边看边学。

● **作者在线答疑**。作者团队具有丰富的实战经验，在学习过程中如有任何疑问，可加QQ群（群号在随书附赠下载文件中）与作者联系交流。

本书由甘琤编写，在此特别感谢郑州轻工业大学教务处的大力支持。笔者在编写过程中力求严谨细致，但由于时间与精力有限，疏漏之处在所难免，望广大读者批评指正。

编　者

目录

Project项目管理概述

1.1 项目管理基础知识 ·········· 2
- 1.1.1 项目管理概述 ·········· 2
- 1.1.2 项目管理对于现代企业的重要性 ·········· 3
- 1.1.3 项目管理的要素及特征 ·········· 3
- 1.1.4 项目管理的领域及流程 ·········· 4

1.2 认识Project ·········· 6
- 1.2.1 Project的启动和退出 ·········· 6
- 1.2.2 认识Project工作界面 ·········· 8
- 1.2.3 Project中的视图 ·········· 10
- **动手练** 创建复合视图 ·········· 16

案例实战：调整Project窗口 ·········· 17
新手答疑 ·········· 18

创建和管理项目文档

2.1 创建项目文档 ·········· 20
- 2.1.1 项目启动准备 ·········· 20
- 2.1.2 新建项目文档 ·········· 21
- 2.1.3 使用现有内容创建文档 ·········· 21
- **动手练** 根据Excel文件创建项目文档 ·········· 22
- **动手练** 创建模板文档 ·········· 24

2.2 项目信息的配置 ·········· 25
- 2.2.1 设置项目摘要 ·········· 25
- 2.2.2 设置项目基本信息 ·········· 26
- 2.2.3 设置项目环境 ·········· 27
- **动手练** 统计项目信息 ·········· 28

2.3 编辑项目日历 ·········· 29
- 2.3.1 新建日历 ·········· 29
- 2.3.2 调整工作周 ·········· 29
- 2.3.3 调整工作日 ·········· 31
- **动手练** 设置单休工作制日历 ·········· 42

2.4 保存、打开、关闭和保护项目文档 ·········· 35
- 2.4.1 保存项目文档 ·········· 35
- 2.4.2 打开和关闭项目文档 ·········· 38
- 2.4.3 保护项目文档 ·········· 40

动手练 设置文档自动保存 41
案例实战：创建室内装修项目 42
新手答疑 45

项目任务的管理

3.1 新建项目任务 48
3.1.1 添加任务 48
3.1.2 组织任务 49
3.1.3 项目任务结构的分解 50
3.1.4 设置任务工期 51
3.1.5 新建里程碑任务 54
3.1.6 新建周期性任务 54
动手练 备注任务信息 55

3.2 编辑任务 56
3.2.1 插入任务 56
3.2.2 移动或复制任务 57
3.2.3 删除任务 58
动手练 将任务复制成图片 58

3.3 设置其他任务信息 59
3.3.1 设置任务类型 59
3.3.2 设置任务的时间限制 60
动手练 为项目任务添加超链接 61

3.4 设置任务链接 62
3.4.1 任务关联性分类 62
3.4.2 建立任务链接 62
3.4.3 调整任务关系 63
3.4.4 延迟和重叠链接任务 64
3.4.5 取消任务链接 65
动手练 拆分任务 65

案例实战：创建营销活动计划项目 66
新手答疑 69

项目资源的管理

- 4.1 了解并创建项目资源 ························· 72
  - 4.1.1 Project中的资源类型 ················ 72
  - 4.1.2 创建资源工作表 ······················ 72
  - 4.1.3 添加项目资源 ························· 74
  - **动手练** 插入资源 ······························· 76
- 4.2 资源信息的设置 ································ 77
  - 4.2.1 设置资源费率 ·························· 77
  - 4.2.2 设置资源的可用性 ···················· 78
  - 4.2.3 设置资源的预定类型 ················· 78
  - 4.2.4 设置资源的工作时间 ················· 79
  - **动手练** 为每周三设置加班时间 ·············· 80
- 4.3 资源的分配方式 ································ 81
  - 4.3.1 在"甘特图"视图中分配 ··········· 81
  - 4.3.2 使用"分配资源"对话框分配资源 ··· 81
  - 4.3.3 使用"任务信息"对话框分配资源 ··· 82
  - **动手练** 查看资源分配情况 ···················· 83
- 4.4 资源的调配 ······································· 84
  - 4.4.1 自动调配资源 ·························· 84
  - 4.4.2 手动调配资源 ·························· 85
  - **动手练** 使用"检查器"处理过度分配的资源 ··· 87
- **案例实战：创办新公司项目** ··················· 88
- **新手答疑** ··· 92

项目成本的管理

- 5.1 项目成本管理概述 ····························· 94
  - 5.1.1 项目成本的类别 ······················· 194
  - 5.1.2 项目成本的结构 ······················· 94
  - 5.1.3 成本管理过程 ·························· 96
  - 5.1.4 成本的控制方法 ······················· 97
- 5.2 项目成本的设置 ································ 98
  - 5.2.1 任务固定成本的设置 ················· 98
  - 5.2.2 任务实际成本的计算 ················· 99
  - 5.2.3 任务预算成本的设置 ················· 101
  - 5.2.4 成本累算方式的设置 ················· 103
  - **动手练** 设置默认的固定成本累算方式 ····· 103
- 5.3 项目成本的分析与调整 ······················· 104
  - 5.3.1 检查超出预算的成本 ················· 104
  - 5.3.2 调整项目成本 ·························· 105

V

动手练 查看项目成本信息 107
案例实战：设置道路施工项目成本 108
新手答疑 112

第6章 项目报表的使用

6.1 项目报表介绍 114
6.1.1 了解预定义报表 114
6.1.2 了解可视报表 114

6.2 新建项目报表 115
6.2.1 创建预定义报表 115
6.2.2 创建可视报表 115
6.2.3 自定义可视报表 116
6.2.4 自定义预定义报表 117
动手练 将报表数据保存到Access数据库 119

6.3 报表的打印 120
6.3.1 打印预定义报表 120
6.3.2 分类打印可视报表 120
动手练 显示打印日期和页码 121

案例实战：创建收购评估项目报表 123
新手答疑 127

第7章 项目进度的跟踪

7.1 设置项目跟踪方式 130
7.1.1 设置基线 130
7.1.2 设置中期计划 131
7.1.3 清除基线 131

7.2 项目的更新 132
7.2.1 更新整个项目 132
7.2.2 更新任务 132
7.2.3 更新资源信息 133
动手练 设置成本自动更新 133

7.3 跟踪项目情况 134
7.3.1 项目日程跟踪 134
7.3.2 项目成本跟踪 134
7.3.3 项目工时跟踪 135

7.4 项目进度的监视 136
7.4.1 分组监视 136
7.4.2 排序任务 136

	7.4.3 筛选任务 ·· 137
7.5	查看其他项目信息 ································ 138
	7.5.1 查看单位信息 ·································· 138
	7.5.2 查看进度与工时差异 ······················ 138
	动手练 查看允许时差 ···························· 139

案例实战：跟踪游乐园开发项目 ······················ 141
新手答疑 ·· 146

第8章 项目的分析与调整

8.1	资源问题的修改 ·································· 148
	8.1.1 检查资源的过度分配 ······················ 148
	8.1.2 调整资源的过度分配 ······················ 149
8.2	日程安排的调整 ·································· 152
	8.2.1 改善日程安排冲突 ·························· 152
	8.2.2 加速项目日程 ·································· 154
	动手练 查看任务的可宽延时间 ·············· 155
8.3	项目问题的解决 ·································· 156
	8.3.1 更改任务工时 ································ 156
	8.3.2 处理进度问题 ································ 157
	动手练 替换未完成的任务资源 ············ 158

案例实战：分析智能手机新品上市项目 ············ 160
新手答疑 ·· 164

第9章 项目文档的美化

9.1	设置图表视图区 ·································· 166
	9.1.1 快速设置条形图样式 ······················ 166
	9.1.2 自定义条形图样式 ·························· 169
	动手练 美化时间刻度 ·························· 171
9.2	美化工作表区域 ·································· 171
	9.2.1 设置文本格式 ································ 171
	9.2.2 设置背景格式 ································ 173
	9.2.3 设置网格线 ···································· 174
	动手练 为图表视图区添加网格线 ·········· 174
9.3	图形和组件的插入 ······························ 175

　　　　9.3.1　插入绘图 175
　　　　9.3.2　插入对象 177
　9.4　设置日程表 180
　　　　9.4.1　添加日程表 180
　　　　9.4.2　设置日程表 180
　　　　动手练 设置日程表日期格式 182
　9.5　美化其他视图 183
　　　　9.5.1　"日历"视图的美化 183
　　　　9.5.2　"网络图"视图的美化 184
　　　　动手练 设置网络图方框版式 186
案例实战：美化道路绿化施工项目 187
新手答疑 194

多项目管理

　10.1　创建共享资源库文件 196
　　　　10.1.1　资源库概念 196
　　　　10.1.2　创建资源库共享资源 196
　　　　10.1.3　打开及查看资源文件 198
　　　　动手练 向资源池添加新项目计划 200
　10.2　管理多重资源文件 202
　　　　10.2.1　资源信息的更新 202
　　　　10.2.2　共享资源的管理 204
　　　　动手练 了解资源的使用情况 206
　10.3　项目合并与管理 206
　　　　10.3.1　项目合并 206
　　　　10.3.2　项目链接 207
　　　　10.3.3　同步项目信息 208
案例实战：合并游乐园开发项目 209
新手答疑 212

第1章
Project项目管理概述

　　Project可以翻译为项目、方案、计划、事业等，凡是需要一定的时间、人力和物力去完成的事情，都在项目管理的范畴内。不论是工作、生活还是学习都能够以项目的方式进行管理，科研课题、项目开发、活动筹备、甚至学习一门新知识等都是项目，因此学习项目管理是非常必要的，甚至是必需的。

1.1 项目管理基础知识

项目管理是以项目为对象,由项目组织对项目进行计划、组织、领导、控制和协调,从而实现项目目标的过程,本节内容将讲述项目管理的基础知识。

1.1.1 项目管理概述

项目管理是项目与管理的结合,无论是政府机构、学校、商业团体或其他机构,都不可避免地需要接触项目管理。如何使用更好的管理方式管理项目,是众多学者和管理者共同关心的话题。

1. 什么是"项目"

项目这个词对于现代职场人来说肯定不陌生,却很少有人能够真正解释清楚。

项目有时也被称为"工程",我国古代伟大工程,例如万里长城、京杭大运河、秦始皇陵、都江堰等建设,可以看成是不同的项目,三峡大坝的建造被称为"三峡工程",其实这就是一个典型的项目。在现代社会中,城市轨道交通建设、道路建设、楼房建造、房屋装修等一些建筑工程也称为项目,甚至是日常生活中,孩子的教育计划、筹备一场婚礼、组织一次集体活动都可以称为项目。从以上例子可以看出,项目是指一系列独特的、复杂的并相互联系的活动,这些活动必须在特定的时间、预算资源的限定内依据规范完成。

2. 项目管理的目的

在人类发展的历程中,为了更好地生存和发展,人类不断地进行各式各样的活动来改善生存环境和生活条件。在这些活动中,需要人们以群体的方式,分工协作完成各自的目标,因此就需要以社会组织的方式来管理人类的这些活动群体。这些社会组织会以政府、军队、企业或其他机构形式存在,这些社会组织被统称为机构。

在今天的市场经济环境下,很多机构必须进行各种经营或运营活动来实现其社会价值。为了更有效地管理这些经营或运营活动,这些机构会为经营或运营方向制定战略目标,为了实现这些目标,机构就必须把这些战略目标细化为可操作的项目目标,通过实施这些具体的项目来达到机构的战略目标。

正因如此,在机构的活动中,项目管理贯穿始终,起着举足轻重的作用,不管战略目标多么宏伟,都需要通过对具体项目的有效管理来实现。

项目管理的目标是满足项目的要求与期望,满足项目利益相关各方不同的要求和期望,满足项目已识别和未识别的要求和期望。

1.1.2 项目管理对于现代企业的重要性

项目管理是一门实践性非常强的技术。好的项目管理不一定能够确保项目成功,但是糟糕的项目管理却注定会导致项目失败,一个项目的成功与否,关键一点就是看项目管理是否得当。所以项目管理是项目成功的核心,是项目的灵魂。

有专家指出,人类活动有1/2是通过项目的形式开展。许多跨国公司认为企业的成功在于有效地推行项目管理。

20世纪90年代末期以来,美国的一些金融组织,也在大力开展关于项目管理的培训。这些项目管理完全随着信息技术的变化而变化,是整个企业运作中的一个重要构成部分。

越来越多的企业引入了项目管理,一些跨国企业也把项目管理作为自己主要的运作模式和提高企业运作效率的解决方案。由此可见项目管理在当今经济社会中的重要性。

1.1.3 项目管理的要素及特征

对项目和项目管理的概念有了初步了解后,接下来继续介绍项目管理的要素和特征。

1. 项目管理的要素

项目管理的三要素包括时间、费用、范围,即在一定时间下,使用一定的费用,完成一个或多个特定的目标与任务。三要素之间的限制关系如图1-1所示。

图 1-1

三要素在一个项目管理进行中也经常发生冲突。通常情况下,人们总希望在尽量短的时间内,以尽可能低的成本获得最好的结果。这三要素中的任何一个都可能成为重中之重,一旦确定其中一点,那么另外两点就需要进行相应调整。例如扩大范畴,一般会引起时间和费用的增加;而在范畴不变的情况下缩短时间,费用一般要提高等。大部分项目都要被迫服从至少一个要素,其中,对三要素的具体解析见表1-1。

表 1-1

三要素	说　　明
时间	完成项目所需用的时间。在项目中,以任务的进度和工期来体现
成本	完成项目所需资源的成本。在项目中,以完成任务所需的人员、设备、材料等来体现
范围	完成项目所遵守的目标与任务。在任务中,以任务的技术指标、数量、性能等来体现

2. 项目管理的特征

不同的项目之间包含的内容各不相同,但都具有以下六大特征。

(1)灵活性(不确定性)。

在执行项目的过程中,所有的要素都在不停地发生变化,所以很难预测在项目达成过程中所需要的条件,因此在完成项目的过程中需要不停地权衡时间、成本和质量之间的利弊去满足任务目标,所以项目具有灵活性。

(2)临时性。

项目有明确的起点和终点。当项目目标达成时,或当项目因不能达到目标而中止时,或当项目需求不复存在时,项目就结束了。项目所创造的产品、服务或成果一般不具有临时性,大多数项目都是为了创造持久性的结果。

(3)独特性。

每个项目都会创造独特的产品、服务或成果。尽管某些项目在实施过程中可能存在重复的元素,但这种重复并不会改变项目工作本质上的独特性,项目完成的过程是不可重复的。

(4)一次性。

每个项目都有特殊性,不存在完全相同的两个项目,即使目标相同的两个项目,在完成过程中,都是不可重复的。

(5)目标性。

任何项目都有明确的、贯穿项目始终的目标。由于影响项目目标因素的多样性,这里的目标一般是由多个目标组成的目标系统。

(6)周期性。

项目是一个一次性的任务,有起点也有终点。任何项目都会有一个定义目标、制定计划、实施计划、完成计划这样一个过程。

1.1.4　项目管理的领域及流程

在对项目进行信息化管理之前还需要了解项目关联的领域及关键流程。

1. 项目管理的领域

在实施项目管理的过程中，任何一个项目都会涉及不同的知识领域，其中九大领域分别为范围管理、时间管理、成本管理、质量管理、风险管理、人力资源管理、沟通管理、采购管理及综合管理。其中，范围、成本、时间、质量是核心知识领域，其他为辅助知识领域，这些知识领域的详细介绍见表1-2。

表 1-2

知识领域	说 明
项目综合管理	是综合运用其他八个领域的知识，合理集成与平衡各要素之间的关系，确保项目成功完成的关键
项目范围管理	在完成项目过程中，对项目范围的定义和控制的过程
项目时间管理	确保项目按期完成的过程
项目成本管理	项目在批准的预算范围内努力减少和控制成本的过程
项目人力资源管理	开展项目时，有效发挥每个参与项目的人员的作用的过程
项目质量管理	确保项目在实施过程中满足客户明确或隐含的要求的一致性
项目沟通管理	是确保项目信息及时有效地合理收集并且最终传达到各处的过程
项目风险管理	有效控制和降低项目完成过程中各种风险发生概率的过程
项目采购管理	从外界获得产品、成果或服务的过程

2. 项目管理的流程

项目管理总体有五个过程，启动过程、规划过程、执行过程、监控过程、收尾过程，项目先后衔接的各个阶段的全体一般称为项目生命周期，如图1-2所示。不同的项目类型可以具体化为不同的阶段子项目，也可以具有不同的项目生命周期。

图 1-2

（1）项目的启动过程。

项目的启动过程是项目获得授权、定义一个新项目或现有项目的一个新阶段，正式开始该项目或阶段的一组过程。启动过程的最主要内容是进行项目的可行性研究与分析并提供科学合理的评价方法，以便未来能对其进行评估。

（2）项目的规划过程。

项目的规划过程是明确项目范围，优化目标，为实现目标而制定行动方案的一组过程。通过对项目的范围、任务分解、资源分析等制定一个科学的规划，能使项目团队的工作有序开展。也因为有了规划，在实施过程中才能有一个参照，通过对规划的不断修订与完善，使后面的规划更符合实际，更能准确地指导项目工作。

（3）项目的执行过程。

项目的执行过程是完成项目管理计划中确定的工作，以实现项目目标的一组过程。项目的执行，一般指项目的主体内容执行过程，但执行包括项目的前期工作，因此不光要在具体执行过程中注意范围变更、记录项目信息、鼓励项目组成员努力完成项目，还要在开头与收尾过程中强调执行的重点内容。

（4）项目的监控过程。

项目的监控过程是跟踪、审查和调整项目进展与绩效，识别必要的计划变更并启动相应变更的一组过程。监控可以使实际进展符合计划，也可以修改计划使之更切合目前的现状，修改计划的前提是项目符合期望的目标。

（5）项目的收尾过程。

项目的收尾过程是为完结所有过程组的所有活动以正式结束项目或阶段而实施的一组过程。一个项目通过一个正式而有效的收尾过程，不仅是对当前项目产生完整文档，对项目干系人的交待，更是以后项目工作的重要财富。项目收尾包括对最终产品进行验收、形成项目档案、吸取的教训等。

1.2 认识Project

以项目管理三要素为核心，在项目管理中对一个项目管理者的要求是必须能够回答下列问题：

- 本项目涉及哪些任务？这些任务以何种顺序出现？
- 各任务的截止日在何时？
- 谁来完成这些任务？
- 各任务花费多少钱？
- 如果某个任务未能及时完成，该如何处理？
- 如何向和项目相关的人呈现项目细节？

那么在实际中如何有效地进行项目管理呢？显然，用纸笔效率太低。Microsoft Office系列的单独套件Project作为一个功能强大、使用灵活的项目管理软件，可以帮助用户实现项目信息共享、编制和组织信息、跟踪项目、优化方案等，利用该软件，可以轻松做好项目管理工作。

接下来对Project的启动和退出、工作界面、视图模式以及窗口操作等基础知识进行介绍。

1.2.1 Project的启动和退出

在使用软件时，启动和退出是最基本的操作，在计算机中安装

扫码看视频

Project后，即可执行启动操作，当所有操作执行完毕后可退出软件。

1. 启动Project

启动Project的方法不止一种，用户可通过双击桌面快捷图标启动、从开始菜单中启动或是通过桌面底部任务栏启动。

若软件安装完成后，桌面上没有自动生成快捷图标，可从开始菜单中进行添加。具体操作方法为，单击屏幕左下角的"开始"按钮，在开始菜单中找到Project图标，直接将图标拖动到桌面上即可生成快捷图标。直接在菜单中单击软件图标也可启动软件，如图1-3所示。

通过开始菜单中的图标还可生成其他快捷启动方式。右击Project图标，在弹出的快捷菜单中选择"固定到'开始'屏幕"选项，或"更多"→"固定到任务栏"选项，可将该图标添加到文件菜单中的开始屏幕或任务栏中，如图1-4所示。

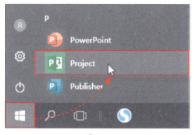

图 1-3

图 1-4

2. 退出Project

当完成项目管理操作后可退出Project软件，退出软件的方法非常简单，只需单击软件右上角的"关闭"按钮即可退出，如图1-5所示。

若没有保存项目就直接退出，在执行"关闭"命令后，系统会弹出一个警告对话框，用户可通过单击"是"或"否"按钮选择在退出之前是否保存执行过的操作，而单击"取消"按钮则会取消本次退出操作，如图1-6所示。

图 1-5　　　　　　　　　　图 1-6

> **知识点拨**
> 用户也可使用Alt+F4组合键快速退出Project软件。

1.2.2 认识Project工作界面

Project的软件界面与Office其他组件，特别是Excel的工作界面大致相同，包含标题栏、功能区和状态栏等区域，但与Excel不同的是，Project的工作区由数据编辑区和视图区两部分组合而成，如图1-7所示。

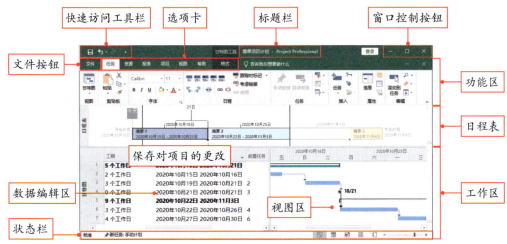

图 1-7

下面对几个主要区域的作用进行详细介绍。

1. 标题栏

标题栏位于窗口最上方，用于显示文件名称。最左侧为快速访问工具栏，用于存放一些常用命令，包括保存、撤销恢复等。最右侧依次为最小化、缩小/放大以及关闭三个窗口控制按钮。

2. 功能区

功能区位于标题栏下方，主要由"文件"按钮以及"任务""资源""报表""项目""视图"等多个选项卡组成，下面介绍"文件"按钮与选项卡的区别。

（1）"文件"按钮。

"文件"按钮有别于其他选项卡，通过单击"文件"按钮可以打开"文件"菜单。在文件菜单中可进行新建、保存、打印、共享等操作，如图1-8所示。

（2）选项卡。

不同选项卡中所包含的命令又根据功能划分成不同的组，方便用户快速选择及使用。功能区中还会根据不同情况，实时

图 1-8

出现活动选项卡，例如在甘特图视图模式下，会出现"甘特图工具–格式"选项卡，如图1-9所示。

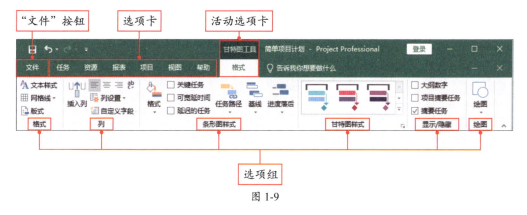

图 1-9

3. 日程表

功能区下方为"日程表"，日程表是一个简化的项目计划横道图，可以综合显示项目计划安排。

4. 工作区

工作区由数据编辑区和视图区组成，如图1-10所示，下面对工作区中的各个部分进行详细介绍。

- **数据编辑区**：位于工作区左侧，主要用来设置任务模式、任务名称、工期、开始时间、完成时间等项目信息。
- **视图区**：位于工作区右侧，主要用来显示甘特图/资源图表/资源使用情况/任务分配状况视图等，根据用户需要选择视图模式显示相应视图。
- **垂直拆分条**：位于工作区中央，用来分割数据编辑区和视图区，拖动垂直拆分条可以调整数据编辑区和视图区的横向显示比例。
- **域标题**：数据编辑区中每列的标题，单击域标题可选择该列。
- **时间刻度**：视图区顶部包含时间刻度的灰色分割线，时间刻度下方以图表方式显示任务或资源信息。
- **行标题**：数据编辑区每行左侧的标题，单击行标题可选择数据编辑区中的行。
- **全选按钮**：行标题和域标题的交叉处的空白按钮，单击"全选"按钮，可选择整个数据编辑区。
- **水平滚动条**：位于数据编辑区和视图区的底部，拖动相应区域的水平滚动条可水平滚动查看数据或图表。
- **垂直滚动条**：位于工作区最右侧，拖动垂直滚动条，数据编辑区和图表区中的数据和图表同时上下滚动。

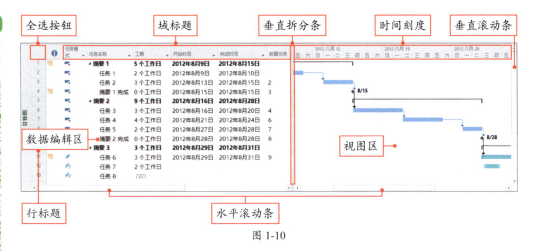

图 1-10

5. 状态栏

状态栏位于窗口最底部,主要显示当前操作模式或模式的状态,最右侧为缩放滑块,可快速缩放视图区中图表的时间段部分,主要用于甘特图、网络图等视图模式。缩放滑块左侧为视图切换按钮,通过这些按钮可快速切换视图方式。

1.2.3 Project中的视图

Project中的视图模式主要分为两大类,分别是任务类视图和资源类视图。常用的任务视图有甘特图、网络图、日历、任务分配状况等视图;常用的资源视图有资源工作表、资源使用状况、资源图表等视图。

1. 切换视图

切换视图的方法很简单,只需打开"视图"选项卡,在"任务视图"以及"资源视图"组中选择需要的命令即可,如图1-11所示。

在"视图"选项卡中单击任意视图按钮的下拉按钮,在弹出的列表中可以看到"其他视图"选项,如图1-12所示。通过该选项可打开"其他视图"对话框,该对话框中包含了所有可用的视图。选择合适的视图,单击"应用"按钮即可切换至相应视图,如图1-13所示。

图 1-11

图 1-12

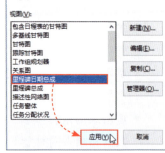
图 1-13

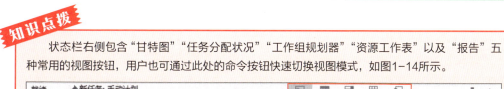

知识点拨 状态栏右侧包含"甘特图""任务分配状况""工作组规划器""资源工作表"以及"报告"五种常用的视图按钮,用户也可通过此处的命令按钮快速切换视图模式,如图1-14所示。

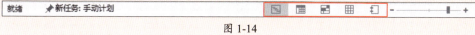

图 1-14

2. 常用视图的特点

(1)"甘特图"视图。

"甘特图"视图是Project的默认视图,也是最常用的视图,用于显示项目的信息。视图左侧用工作表显示任务的详细数据,例如营销活动计划的周期,活动计划开始时间和结束时间,以及活动概念、促销策略的定制等。视图的右侧用条形图显示任务的信息,每一个条形图代表一项任务,通过条形图可以明确显示任务的开始和结束时间,各条形图之间的位置则表明任务是一个接一个进行还是交叉进行,如图1-15所示。

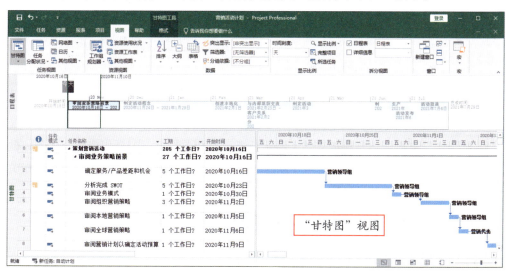

图 1-15

在开展项目管理工作过程中,许多前期项目计划都是在甘特图中实现的,在甘特图中可以完成的工作如图1-16所示。

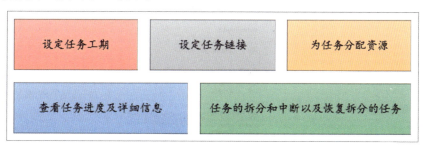

图 1-16

（2）"跟踪甘特图"视图。

"跟踪甘特图"视图是以甘特图为基础，区别是甘特图中每一项任务都有一个条形图对应；而在跟踪甘特图中，每一项任务对应两个条形图，如图1-17所示。在每一项任务对应的两个条形图中，上面的条形图显示该任务最新信息，而下面的条形图则显示计划的任务信息。

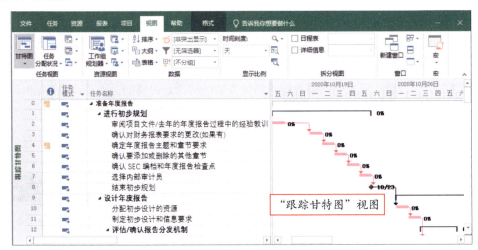

图 1-17

（3）"网络图"视图。

"网络图"视图以流程图的方式来显示任务以及相关性。一个框代表一个任务，框与框时间的连线代表任务之间的相关性。节点与节点之间的连线代表任务之间的相关性。通过这些节点，可以完整地体现任务信息，如图1-18所示。

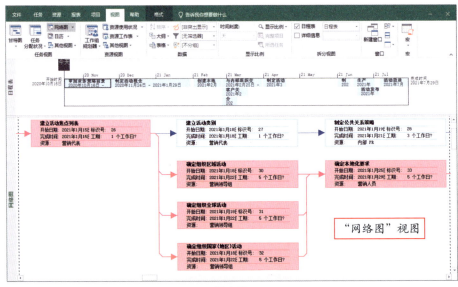

图 1-18

在网络图模式下，用户可以完成的工作如图1-19所示。

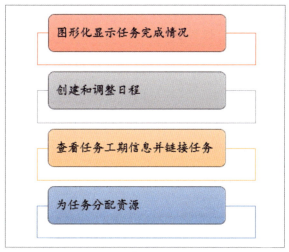

图 1-19

（4）"日历"视图。

"日历"视图是以月为时间刻度单位按日历格式显示项目信息，任务条形图是跨越任务日程排定的天或星期。使用这种视图格式，可以快速查看在特定时间内排定了哪些任务，如图1-20所示。

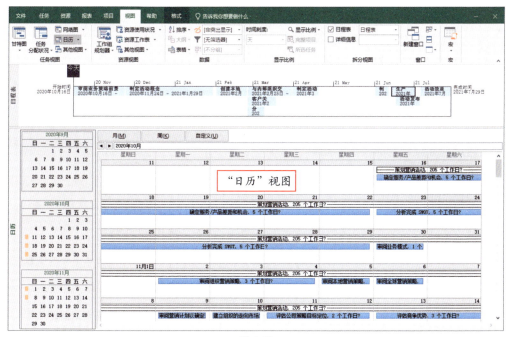

图 1-20

通过日历视图，用户可以完成的工作如图1-21所示。

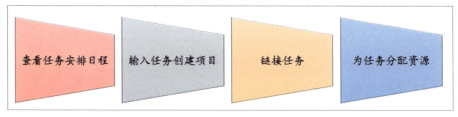

图 1-21

（5）"任务分配状况"视图。

"任务分配状况"视图给出了每项任务分配的资源以及每项资源在各个时间段内（每天、每周、每月或其他时间间隔）所需工时、成本等信息，从而可以更合理地调整资源在任务上的分配，如图1-22所示。

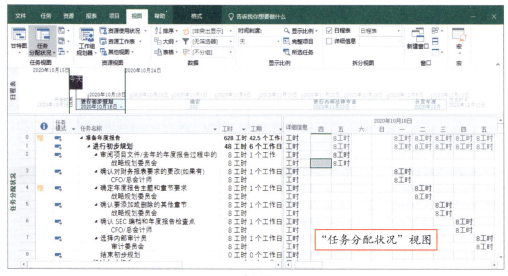

图 1-22

通过任务分配状况视图，用户可以了解任务的详细工作分配信息，并且可以完成如图1-23所示的工作。

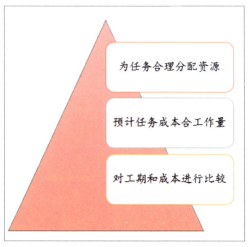

图 1-23

（6）"资源工作表"视图。

"资源工作表"视图以电子表格的形式显示每种资源的相关信息，如图1-24所示。在该视图模式下，用户可以完成资源的创建、修改、删除等操作。

图 1-24

（7）"资源使用状况"视图。

"资源使用状况"视图用于显示项目资源的使用情况，分配给这些资源的任务组合在资源的下方，如图1-25所示。

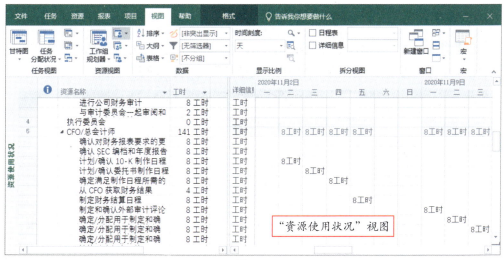

图 1-25

动手练 创建复合视图

复合视图即在一个窗口中显示两个视图，可通过拆分视图来实现，下面介绍如何拆分视图。

Step 01 打开"视图"选项卡，在"拆分视图"组中勾选"详细信息"复选框，即可将视图拆分成上下两个部分，上半部分显示的是当前使用的视图模式，下半部分显示的是系统默认的任务窗体，如图1-26所示。

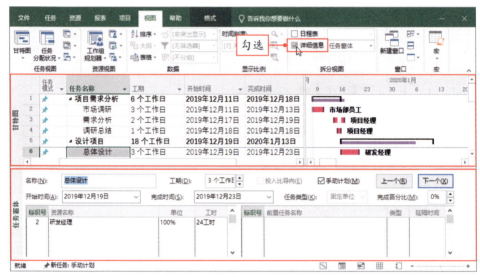

图 1-26

Step 02 单击"详细信息"右侧的下拉按钮，在弹出的列表中还可选择需要在下方窗口中显示的视图类型，例如将下方的视图类型修改成"资源图表"视图，如图1-27所示。

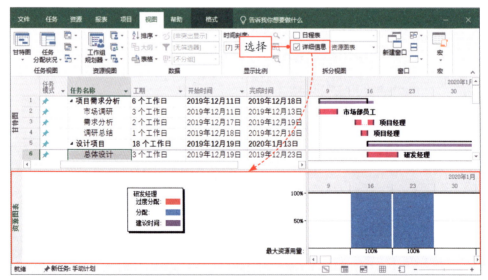

图 1-27

案例实战：调整Project窗口

Project支持多窗口模式，用户可通过设置同时显示两个或更多Project窗口以满足同时查看一个项目中不同位置的内容，以及对不同位置的内容进行操作的需求。

Step 01 打开需要使用的项目文件，在"视图"选项卡中的"窗口"组内单击"新建窗口"按钮，如图1-28所示。

Step 02 系统随即弹出"新建窗口对话框"选择需要新建窗口的项目，并选择该新建窗口的视图模式，单击"确定"按钮即可新建一个窗口，如图1-29所示。

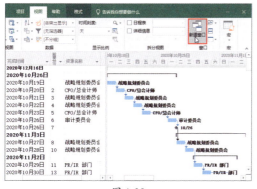

图 1-28　　　　　　　　　　　图 1-29

Step 03 用户可重复上述步骤，为指定项目创建多个窗口，在屏幕下方的任务栏中会显示新建的项目，如图1-30所示，单击新建的项目名称可在不同窗口间进行切换。

图 1-30

Step 04 默认情况下，Project只能显示一个窗口，若想同时查看所有新建窗口中的内容，可在"视图"选项卡中的"窗口"组内单击"全部重排"按钮，让这些窗口同时打开，这些打开的窗口均可单独滚动和编辑，如图1-31所示。

图 1-31

新手答疑

1. Q：如何在当前窗口显示日程表？

A： 打开"视图"选项卡，在"拆分视图"组中勾选"日程表"复选框，即可在当前视图顶端添加日程表，如图1-32所示。

图 1-32

2. Q：如何将项目中的任务添加到日程表中？

A： 在数据表中右击需要添加到日程表的任务，在弹出的快捷菜单中选择"添加到日程表"选项即可，如图1-33所示。

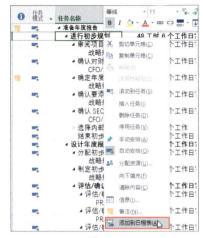

图 1-33

3. Q：如何在Project中批量查找替换其中指定的内容？

A： 打开"任务"选项卡，在"编辑"组中单击"查找"按钮，弹出"查找"对话框，在"查找内容"文本框中输入需要查找的内容，单击"查找下一个"按钮可查找到相应内容，如图1-34所示；若单击"替换"按钮，会切换到"替换"对话框，在"替换为"文本框中输入需要替换为的内容，单击"全部替换"按钮可完成相应替换，如图1-35所示。

图 1-34

图 1-35

第2章
创建和管理项目文档

使用Project对项目进行管理的首要操作就是创建新项目并对文档进行相关管理,本章内容将对如何创建新项目以及项目文档的基本操作进行讲解。

2.1 创建项目文档

创建项目文档的第一步是要提前准备好相关的项目资料,随后再根据收集来的资料使用Project创建项目文档,对项目进行管理。

2.1.1 项目启动准备

使用Project创建项目之前,用户要明确以下几点,以确保在规定的费用内按时完成项目。

1. 明确目标确定项目步骤

在开始定制项目计划之前,要明确定义项目的一些基本属性信息,例如项目的名称、内容、开始以及结束时间等,然后确定项目的主要步骤,以保证项目顺利完成。

2. 确定任务细节

在拟定出一份主要的任务列表后,下一步是对这些任务进行细分,分解成更详细的步骤。

在细分项目步骤时,需要注意以下问题:

(1)任务的提醒作用。

创建项目任务的主要用途是提醒项目中的主要活动,无须将任务进行更详细地划分,防止跟踪日程安排的负担过重。

(2)里程碑任务。

项目需要利用里程碑任务,标出项目中需要做出重要决定的点,以保证项目顺利进行。

(3)部门任务。

要在项目中显示每个部门所需要执行与了解的任务,便于准确地掌握与汇报项目进度。

3. 规定时间限制

项目的三要素之一是时间要素,利用Project中的日程表可以规划项目的实施时间。当项目的总体时间超出整个项目的期限时,用户可以重新调整每项任务的时间,直至总体实施任务的时间与计划时间相吻合。

4. 配置资源

在制定项目初期,需要知道哪些资源可用以及资源成本如何,明确这些资源并分配到任务。

5. 理清任务间的关系

项目管理者要弄清各任务之间的关系,清楚地知道哪些任务需要在其他任务完成后才能开始，哪些任务可以同步进行。

2.1.2 新建项目文档

扫码看视频

创建项目文档的方法不止一种，在实施以往没有创建过的项目时，可以直接从空白项目开始，下面介绍如何创建空白项目。

双击Project图标，启动Project，在开始界面中选择"空白项目"选项，如图2-1所示，系统随即新建一个空白项目，如图2-2所示。

图 2-1

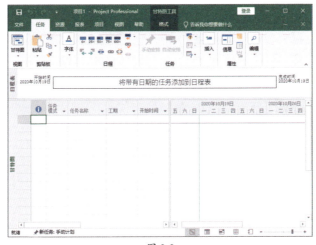

图 2-2

2.1.3 使用现有内容创建文档

若需要创建的项目在之前的工作中使用过，或保存有相关类型的项目，可以根据已有的项目文档来创建新项目，下面介绍具体操作方法。

在打开的项目文件中单击"文件"按钮,进入文件菜单,切换到"新建"界面,选择"根据现有项目新建"选项,如图2-3所示。

图 2-3

打开"根据现有项目新建"对话框,选择需要使用的项目文件,单击"打开"按钮,如图2-4所示,即可创建以所选项目为基础的项目文件。

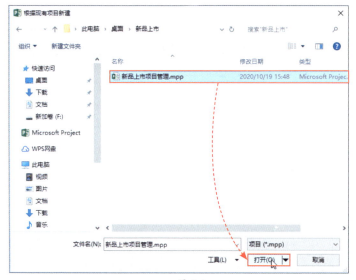

图 2-4

动手练 根据Excel文件创建项目文档

若在Excel中已经开始了自己的项目,但仍需要进行更复杂的计划、资源共享和跟踪等,可利用Excel中的数据创建Project项目文档,具体操作方法如下:

Step 01 在"文件"菜单中的"新建"界面内单击"根据Excel工作簿新建"按钮,如图2-5所示。

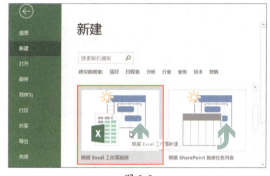

图 2-5

Step 02 弹出"打开"对话框,选择文件类型为"Excel工作簿(*.xlsx)",选择需要导入Project的Excel工作簿,单击"打开"按钮,如图2-6所示。

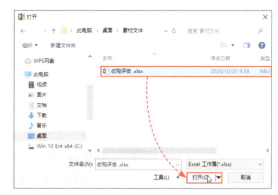

图 2-6

注意事项 在"打开"对话框中必须先选择文件类型,对话框中才能显示出相应类型的文件,这是很多用户在操作时非常容易忽略的步骤。

Step 03 弹出"导入向导"对话框,单击"下一步"按钮,切换到"导入向导-映射"对话框,保持默认选择的"新建映射"选项,继续单击"下一步"按钮,如图2-7所示,在后续弹出的对话框中做好相应的选择,依次单击"下一步"按钮。

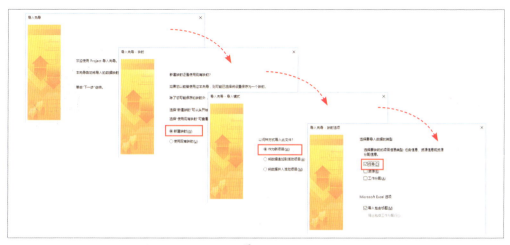

图 2-7

Step 04 在弹出的"导入向导-任务映射"对话框中单击"完成"按钮，如图2-8所示。

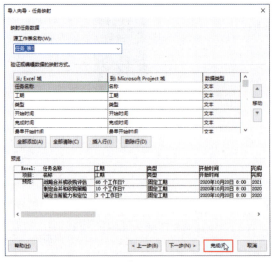

图 2-8

Step 05 所选Excel文件随即被导入Project中并自动打开，如图2-9所示。

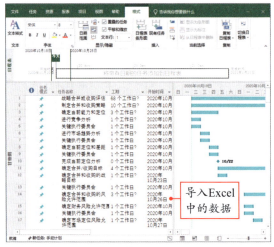

图 2-9

动手练 创建模板文档

Project模板是预先设置任务、资源、样式以及其他项目元素的特殊文档。通过模板可以创建具有统一框架和规格的项目文档，用户可动手练习如何创建模板文档。

单击"文件"按钮打开文件菜单，在"新建"界面中包含一些内置的Project模板，单击任意一个模板按钮即可创建该模板文档，如图2-10所示。

另外，用户也可先选择模板类型，再从相关类型中选择需要的模板。例如在搜索框下方单击"技术"按钮，当前界面中即可显示出相关类型的模板，如图2-11所示。

图 2-10

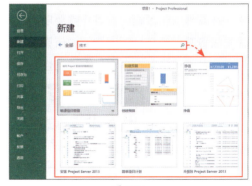

图 2-11

2.2 项目信息的配置

使用Project创建项目时，需要对项目的相关信息进行设置，包括设置项目的基本信息、项目的开始和完成日期、默认的工作时间等，下面介绍具体设置方法。

2.2.1 设置项目摘要

创建项目之前用户可以先简单设置项目的摘要，包括设置项目标题、主题、作者、主管、单位等。

在"文件"菜单中的"信息"界面内，单击"项目信息"下拉按钮，在弹出的列表中选择"高级属性"选项，如图2-12所示。弹出"属性"对话框，在"摘要"界面中即可设置"标题""主题""作者"等摘要内容，如图2-13所示。

图 2-12

图 2-13

2.2.2 设置项目基本信息

扫码看视频

在管理项目过程中,首先需要明确项目的开始时间、完成时间以及优先级等基本信息,下面介绍如何设置项目基本信息。

打开"项目"选项卡,在"属性"组中单击"项目信息"按钮,如图2-14所示。

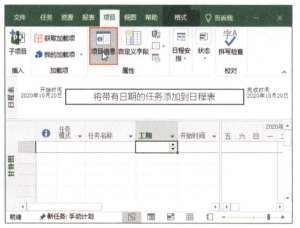

图 2-14

在弹出的对话框中设置"开始日期""完成日期""状态日期""优先级"等信息,如图2-15所示。

图 2-15

注意事项 设置项目的开始日期后,在创建任务时,所有被创建的任务的默认"开始时间"都会大于或等于该日期,且在对项目管理的过程中,如果项目的开始日期发生改变,所有任务的开始日期都会发生变化。

默认情况下"完成日期"为不可设置状态，这是因为Project具有预测功能，系统会根据用户设置的开始日期以及任务的开始和结束时间自动预测工期。如果用户同时设置了开始和完成日期，预测功能将不再发挥作用。

若要手动设置完成日期需要先将"日程排定方法"设置为"项目完成日期"，如图2-16所示，才能对"完成日期"进行设置，如图2-17所示。

图 2-16

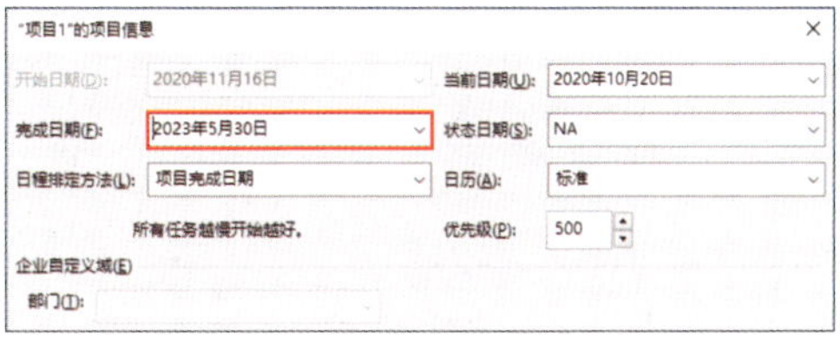

图 2-17

知识点拨

设置日期时单击文本框右侧的下拉按钮，会弹出一个日历，用户可通过日历快速设置日期，如图2-18所示。

图 2-18

2.2.3 设置项目环境

创建项目后，还可以对项目的默认工作环境进行设置，包括默认工作时间、每周工时等，下面介绍如何设置工作环境。

1. 设置"日程"选项

在"文件"菜单中选择"选项"选项，打开"Project选项"对话框，在"日程"界面中的"该项目的日历选项"组内可以设置项目的"每周开始于""财政年度开始于""默认开始（结束）时间"等，而在"日程"组中可对输入任务信息的方式进行相关设置，如图2-19所示。

2. 设置"高级"选项

在"Project选项"界面中的"高级"组内,可以对项目的标准费率、加班费率等进行设置,如图2-20所示。

图 2-19

图 2-20

动手练 统计项目信息

项目信息的统计内容包括项目开始与完成时间、工期、工时以及成本信息。统计项目信息的方法如下:

Step 01 在"项目"选项卡中单击"项目信息"按钮,在打开的对话框中单击"统计信息"按钮,如图2-21所示。

图 2-21

Step 02 在弹出的对话框中即可显示当前项目的统计信息,如图2-22所示。

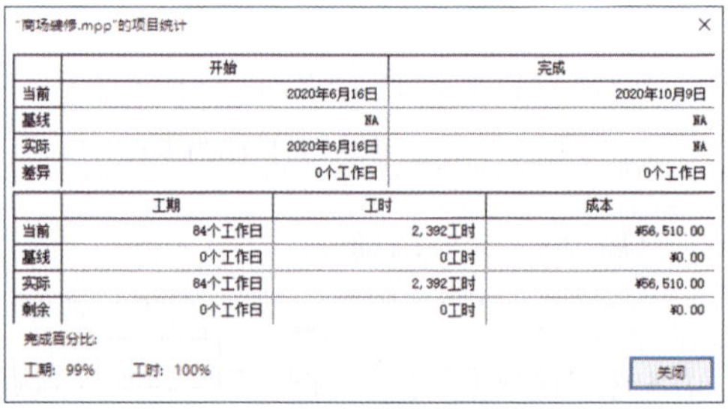

图 2-22

2.3 编辑项目日历

当有些项目不适用于系统默认的标准日历时，可以根据项目的特点，设置符合当前项目要求的日历。

2.3.1 新建日历

新建日历可设置请假日期，更改项目或特定资源的工作时间等。下面介绍如何新建日历。

在"项目"选项卡中的"属性"组内单击"更改工作时间"按钮，弹出"更改工作时间"对话框，单击"新建日历"按钮，如图2-23所示。

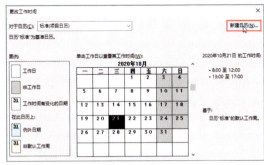

图 2-23

打开"新建基准日历"对话框，在该对话框中可设置新建日历的名称。在名称下方有两个选项，若选择"新建基准日历"选项，可新建一个完全独立的日历，而选择"复制"选项，则可依据当前的基准日历新建一个日历副本，根据其右侧下拉列表中的"标准""24小时"以及"夜班"三种基准创建日历副本，如图2-24所示。

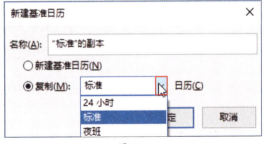

图 2-24

2.3.2 调整工作周

扫码看视频

每个项目所需要的每周工作时间都不相同，所以，创建新项目后需要根据实际情况对日历中的工作周进行调整。

例如，每周五都需要利用1个小时的时间进行工作盘点和总结，那么，这1个小时需要设置为特殊工作时间。下面介绍具体操作方法。

打开"项目"选项卡，在"属性"组中单击"更改工作时间"按钮，打开"更改工作时间"对话框，在对话框中打开"工作周"界面，单击"详细信息"按钮，如图2-25所示。

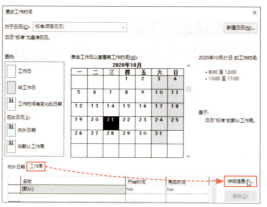

图 2-25

在随后弹出的对话框中先选择"星期五"选项,再选择"对所列日期设置以下特定工作时间"单选按钮,最后将第2行中的结束时间调整成"16:00",单击"确定"按钮完成更改,如图2-26所示。

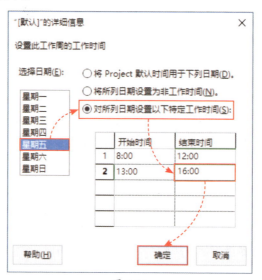

图 2-26

返回到上一个对话框后,单击日历中的任意一个周五,在右侧可看到工作时间已经修改,如图2-27所示。

图 2-27

2.3.3 调整工作日

在排定项目工作时间时，若期间包含假期或者有了其他安排，可设置"例外日期"，通过"例外日期"列表输入事件的名称、开始时间及结束时间。下面以设置2020年"十一"假期和假期调休为例进行介绍。

在"项目"选项卡中的"属性"组内单击"更改工作时间"按钮，打开"更改工作时间"对话框，打开"例外日期"界面，在列表的第1行中输入假期名称，随后分别设置假期的"开始时间"和"完成时间"，完成该假期的设置，如图2-28所示。

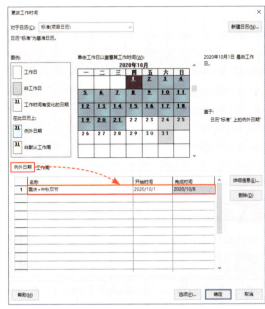

图 2-28

假期结束后如果有调休，需要继续在"例外日期"列表中增加调休日期。具体操作方法如下：

在"例外日期"列表的第2行中输入调休日的名称以及开始和完成时间（若只调休1天则开始时间和完成时间设置成同一天的日期），设置完成后选中第2行中的任意一个单元格，单击"详细信息"按钮，如图2-29所示。

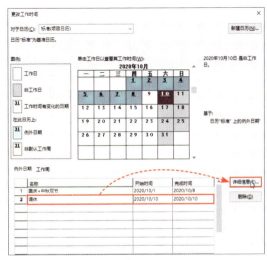

图 2-29

在弹出的对话框中选择"工作时间"单选按钮，其他选项保持默认，单击"确定"按钮，如图2-30所示，完成放假和调休的工作时间调整。

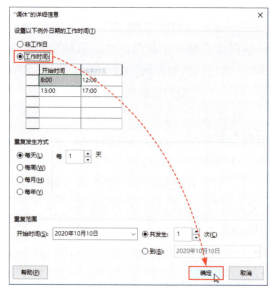

图 2-30

动手练 设置单休工作制日历

使用Project制作工程建设项目时，考虑到工地上通常周末是工作的，或者周末至少有一天工作，而默认情况下周六和周日为非工作日，所以编制进度计划时需要把周六、周日添加为工作日。

下面以创建一个单休工作制的日历为例，把周六添加为工作日并按国家法定节假日放假并适当调休。

Step 01 在"项目"选项卡的"属性"组内单击"更改工作时间"按钮，打开"更改工作时间"对话框，单击"新建日历"按钮，打开"新建基准日历"对话框，设置名称为"单休工作制"，选择"新建基准日历"单选按钮，单击"确定"按钮，如图2-31所示。

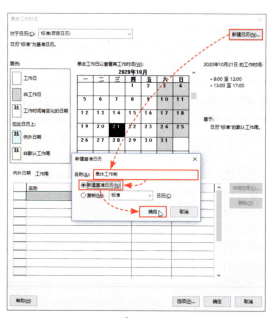

图 2-31

Step 02 返回"更改工作时间"对话框,打开到"工作周"界面,单击"详细信息"按钮,如图2-32所示。

图 2-32

Step 03 在弹出的对话框中选择"星期六"选项,选择"对所列日期设置以下特定工作时间"单选按钮,在列表中设置开始时间和结束时间,单击"确定"按钮,如图2-33所示。

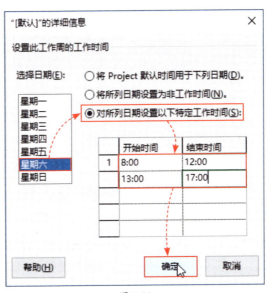

图 2-33

Step 04 切换到"例外日期"界面,依次在列表中输入各种假期以及调休的开始和完成时间,如图2-34所示。

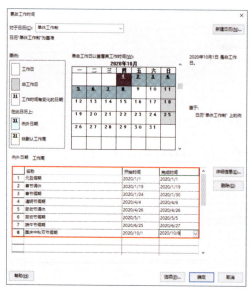

图 2-34

Step 05 在设置完成的例外日期列表中选择"春节调休"选项,单击"详细信息"按钮,如图2-35所示。

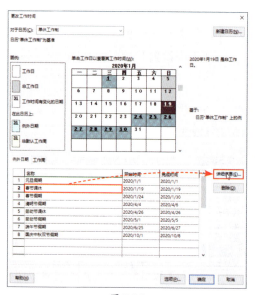

图 2-35

Step 06 在弹出的对话框中选择"工作时间"单选按钮,单击"确定"按钮,关闭对话框,如图2-36所示,接下来继续为"劳动节调休"设置工作时间。至此完成单休工作制日历的设置。

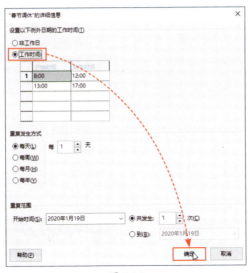

图 2-36

2.4 保存、打开、关闭和保护项目文档

在使用Project对项目进行管理的过程中，需要经常对项目文件执行保存、打开、关闭以及保护等基本操作，下面对这些操作进行详细介绍。

2.4.1 保存项目文档

保存项目文档虽然是很简单的操作，但是却非常重要，保存文档可以有效地存储信息，防止信息丢失。下面介绍如何保存项目文档。

1. 保存新建项目

新建项目文档后单击窗口左上角的"保存"按钮，如图2-37所示，软件随即切换到"文件"菜单并自动打开"另存为"界面，选择"浏览"选项，如图2-38所示。

图 2-37

图 2-38

此时会弹出"另存为"对话框，选择文件的保存位置，输入文件名称，单击"保存"按钮，如图2-39所示。

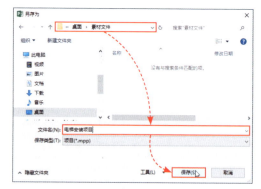

图 2-39

保存成功后新建文档的标题会同步发生变化，此后在文档中直接单击"保存"按钮可保存执行过的操作，如图2-40所示。

图 2-40

> **知识点拨**
>
> 使用Project工作的过程中需要频繁地执行"保存"操作，这时用户可以使用Ctrl+S组合键快速保存。

2. 为现有项目创建副本

为Project项目文件创建副本可以生成备份文件，以防源文件被破坏，从而造成不必要的损失。

在计算机中找到需要创建副本的项目文档，将其选中，按Ctrl+C组合键进行复制，如图2-41所示。

图 2-41

随后按Ctrl+V组合键执行粘贴操作，当前位置即可创建所选文档的副本，如图2-42所示。

图 2-42

3. 另存为PDF格式

通过另存为操作可将Project文件转换成其他文件格式，例如转换成Excel文件、PDF文件等。下面以另存为PDF文件为例进行讲解。

单击"文件"按钮，打开"文件"菜单，在"另存为"界面中选择"浏览"选项，如图2-43所示。

图 2-43

系统随即打开"另存为"对话框，选择文件的保存位置，单击"保存类型"右侧的下拉按钮，在弹出的列表中选择"PDF文件（*.pdf）"选项，单击"保存"按钮，如图2-44所示。

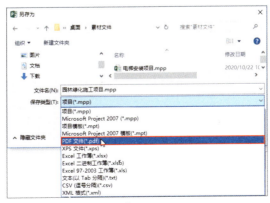

图 2-44

此时会弹出"文档导出选项"对话框，保持所有选项为默认，直接单击"确定"按钮，即可将当前Project文档另存为PDF格式的文件，如图2-45所示。

图 2-45

2.4.2 打开和关闭项目文档

打开项目文档的方法有很多种，人们最熟悉的应该是双击文件打开，除此之外还可通过已经打开的Project文件快速打开其他需要的项目文档。

1. 打开指定位置的文件

在"文件"菜单中的"打开"界面内单击"浏览"按钮，如图2-46所示。此时会弹出"打开"对话框，在该对话框中可找到计算机中保存的项目文件并将其打开，如图2-47所示。

图 2-46

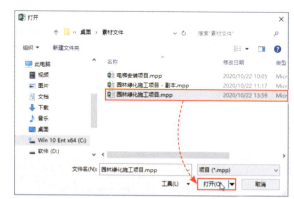

图 2-47

2. 打开最近使用过的文件

在"打开"界面中选择"最近"选项，页面中会显示最近使用过的项目文件，用户可在该界面中快速打开这些文件，如图2-48所示。

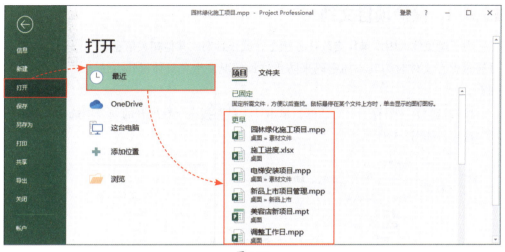

图 2-48

> **知识点拨**
>
> 对于经常使用的文档,可将其固定到最近的项目列表中,以便今后查找与使用。将光标移动到文件选项上方,文件右侧会出现"📌"图标,单击该图标即可将其固定,如图2-49所示。文件被固定后会一直在"已固定"列表中显示,不会被后来使用过的文件替换,如图2-50所示。
>
>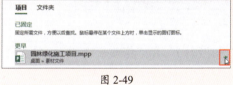
>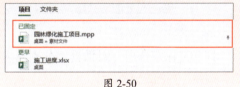
>
> 图 2-49　　　　　　　　　　　图 2-50

3. 关闭项目文档

Project窗口的右上角有两个"❌"按钮,当同时打开了多个项目文档时,单击上方的"关闭"按钮可将所有文档全部关闭,而单击下方的"关闭窗口"按钮则只会关闭当前窗口中显示的项目文档,如图2-51所示。

图 2-51

2.4.3 保护项目文档

为了避免他人因误操作更改任务状态、截止日期或其他相关信息，可通过保存文件时为其添加密码来防止这种情况发生。具体操作方法如下。

按F2键打开"另存为"对话框，单击"工具"按钮，在展开的列表中选择"常规选项"选项，如图2-52所示。

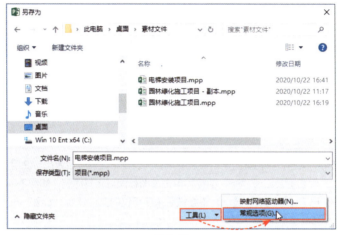

图 2-52

打开"保存选项"对话框，分别输入"保护密码"和"修改权密码"，单击"确定"按钮，如图2-53所示。

密码设置完成后返回"另存为"对话框，单击"保存"按钮，此时会弹出"确认另存为"对话框，单击"是"按钮，该加密文档会替换掉原始文档，如图2-54所示。

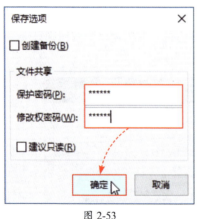

图 2-53

图 2-54

注意事项 若用户要保留原始文档，则要在"另存为"对话框中重新指定加密文件的保存位置或修改文件名称。

动手练 设置文档自动保存

有很多用户在使用Project工作的过程中常常会忘记保存文档，万一计算机出现断电或死机之类的故障，那么未保存的操作都会丢失。为了避免这种情况发生，尽量减小损失，可启用文档的自动保存功能。下面介绍自动保存文档的具体步骤。

Step 01 打开"文件"菜单，单击"选项"按钮，如图2-55所示。

图 2-55

Step 02 打开"Project选项"对话框，切换到"保存"界面，勾选"自动保存间隔"复选框，设置自动保存的时间，除此之外用户还可在此处设置默认保存的文件位置、自动保存哪些项目等，设置完成后单击"确定"按钮即可，如图2-56所示。

图 2-56

注意事项 开启了文档的自动保存功能后，在编辑文档的过程中只要达到了默认的保存时间，系统便会弹出一个对话框，询问是否对当前文档进行保存，因此，自动保存的时间间隔不宜设置得太短，否则会频繁地弹出询问对话框。

案例实战：创建室内装修项目

对于装修公司来说，房屋室内装修是很常见的项目。根据要求本次商场室内装修施工期为180天，该项目规定在2021年3月10日之前完工，为保证装修项目顺利完成，现在需要使用Project软件创建项目文档、项目任务、项目日历等来启动项目。下面介绍具体操作步骤。

Step 01 新建一份空白的Project项目文档并对其进行保存，在保存时设置文档名称为"室内装修项目"。保存成功后打开"项目"选项卡，在"属性"组中单击"项目信息"按钮，如图2-57所示。

图 2-57

Step 02 在随后弹出的对话框中选择日程排定方法为"项目完成日期"，设置完成日期为"2021年4月20日"，如图2-58所示。

图 2-58

Step 03 在"项目"选项卡中的"属性"组内单击"更改工作时间"按钮，如图2-59所示。

图 2-59

Step 04 打开"更改工作时间"对话框,单击"新建日历"按钮,在弹出的"新建日历"对话框中输入名称"商场室内装修项目",单击"确定"按钮,如图2-60所示。

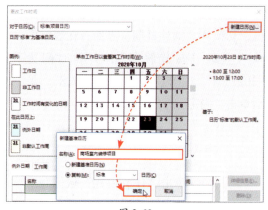

图 2-60

Step 05 返回"更改工作时间"对话框,切换到"工作周"界面,单击"详细信息"按钮,如图2-61所示。

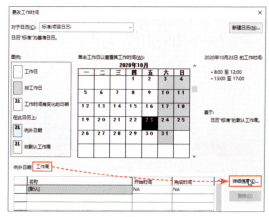

图 2-61

Step 06 在弹出的对话框中按住Ctrl键,依次单击"星期六"和"星期日",将这两个选项同时选中,随后选择"对所列日期设置以下特定工作时间"单选按钮,在表格中输入开始时间和结束时间,单击"确定"按钮,如图2-62所示。

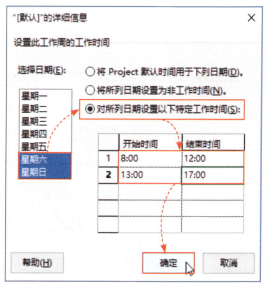

图 2-62

Step 07 再次返回"更改时间"对话框,切换到"例外日期"界面,在表格中输入名称"春节假期",开始时间为"2021/2/7",完成时间为"2021/2/18",最后单击"确定"按钮,如图2-63所示。

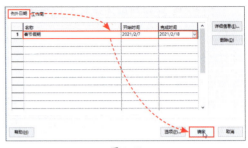

图 2-63

Step 08 单击"任务模式"域标题下方单元格中的下拉按钮,在弹出的列表中选择"自动计划"选项,如图2-64所示。此时工期、开始时间以及完成时间域标题下方会自动录入内容。

图 2-64

Step 09 在"任务名称"域标题下方输入相应的任务名称,如图2-65所示。

图 2-65

Step 10 参照上述方法在"任务名称"域标题下输入其他任务名称,如图2-66所示。

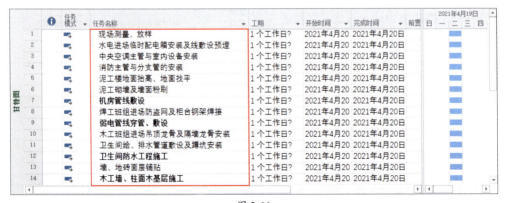

图 2-66

44

新手答疑

1. Q：如何设置周一和周三休息，周六、周日工作的日历？

A：只需要在"更改工作时间"对话框中调整工作周便可。操作方法如下：

在项目选项卡中的"属性"组内单击"更改工作时间"按钮，打开"更改工作时间"对话框，在该对话框中打开"工作周"界面，单击"详细信息"按钮，如图2-67所示。

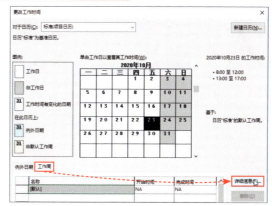

图 2-67

在弹出的对话框中按住Ctrl键不放，同时选择"星期一"和"星期三"选项，接着选择"将所列日期设置为非工作时间"单选按钮，如图2-68所示。

再按住Ctrl键不放，同时选择"星期六"和"星期日"选项，接着选择"对所有日期设置以下特定工作时间"单选按钮，在表格中设置开始时间以及结束时间，最后单击"确定"按钮即可，如图2-69所示。

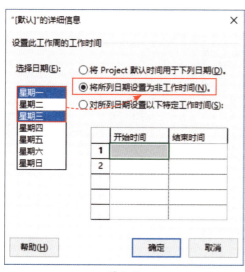

图 2-68

图 2-69

2. Q：在已经打开一个项目文档的前提下如何快速创建新项目文档？

A：可以使用Ctrl+N组合键快速创建。

读书笔记

第3章
项目任务的管理

项目任务是组成项目的重要组成部分之一，也是保证项目顺利完成的基础元素。在制定项目计划并创建项目任务后，为使项目能按照预定的顺序与时间实施，还需要为任务设置组织结构与执行时间。本章将对项目任务的创建和编辑进行详细介绍。

3.1 新建项目任务

每一条项目任务都是对项目的具体细化。在细化过程中,需要了解如何添加任务、编辑任务、设定任务工期等多种操作。

3.1.1 添加任务

扫码看视频

创建项目后,可根据需要在项目中添加任务,Project中有多种视图模式可以实现任务的添加,下面以最常用到的甘特图视图模式为例介绍如何添加项目任务。

选择"任务名称"域标题下方的单元格,输入任务名称,如图3-1所示,输入完成后按Enter键进行确认。此时任务模式默认为手动计划,如图3-2所示。

图 3-1

图 3-2

用户可对默认的任务模式进行修改,单击"任务模式"域标题下方单元格中的下拉按钮,在弹出的列表中选择"自动计划"选项,如图3-3所示。修改成功后,工期、开始时间以及完成时间域标题下方会自动添加内容,如图3-4所示。

图 3-3

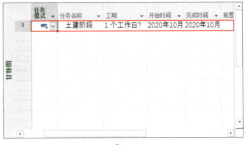
图 3-4

> **知识点拨**
>
> Project中的任务模式有"手动计划"和"自动计划"两种。其中"手动计划"模式为默认任务模式,在该任务模式下,用户可以自定义开始时间、完成时间和工期(工期不但可以用常规数字显示,还可以用汉字显示)。
>
> "自动计划"模式下,用户设定的工期必须为规范的工期,设定任务开始时间后,系统会自动计算出任务的完成时间。

3.1.2 组织任务

扫码看视频

默认情况下Project中所有的任务都为同一级别，为了方便管理，可以重新组织任务，使每个任务范围都具有一个摘要任务。

1. 自动创建子任务和摘要任务

在"甘特图"视图中选择需要降级的任务，打开"任务"选项卡，在"日程"组中单击"降级任务"按钮，如图3-5所示。

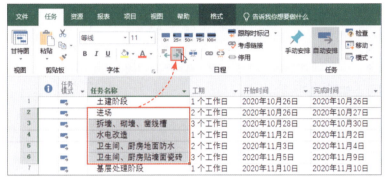

图 3-5

所选任务即可被降级为子任务，此时，摘要任务被加粗显示，靠单元格左侧对齐。同时，摘要任务的工期以及开始时间和完成时间也根据其子任务自动进行了更新，如图3-6所示。单击摘要任务名称中的黑色小三角可控制子任务的折叠及展开，如图3-7所示。

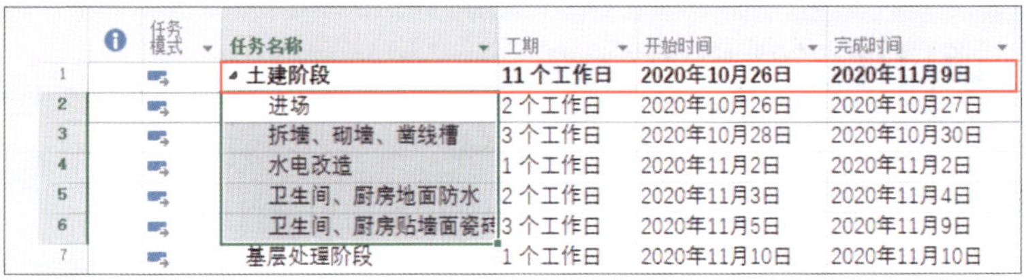

图 3-6

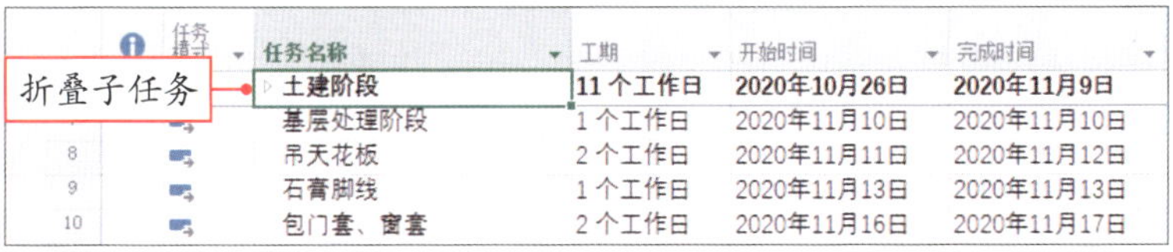

图 3-7

2. 手动添加摘要任务

除了降级任务自动生成摘要任务外，也可手动添加摘要任务。选择需要添加摘要任务的任务名称，打开"任务"选项卡，在"插入"组中单击"摘要"按钮，如图3-8所示。

图 3-8

所选任务上方随即被插入一个新的摘要任务，如图3-9所示，随后手动输入摘要任务的名称即可，如图3-10所示。

图 3-9　　　　　　　　　　　图 3-10

3.1.3　项目任务结构的分解

在项目中添加任务的过程就是对项目的分解过程，一个项目由多个任务构成，而这些任务又可以细分为很多个小任务，下面介绍如何按需对项目进行分解。

1. 认识工作分解结构（WBS）

工作分解结构（Work Breakdown Structure，WBS）是项目管理重要的专业术语之一，是以可交付成果为导向对项目要素进行的分组，归纳和定义了项目的整个工作范围，每下降一层代表对项目工作的更详细的定义。创建WBS的过程是把项目目标和项目工作分解成较小的、易于管理的多个组成部分的过程。

WBS总是处于计划过程的中心，是制订进度计划、资源需求、成本预算、风险管理计划和采购计划等的重要基础，同时也是控制项目变更的重要基础。项目范围由WBS定义，所以WBS也是一个管理项目的综合工具。

2. 如何进行任务分解

WBS可以按产品的物理结构、产品或项目的功能、实施过程、地域划分、部门等方式进行分解。

项目组内创建WBS的过程非常重要，因为在项目分解过程中，项目经理、项目成员和所有参与项目的部门主任都必须考虑该项目的所有方面。项目组内创建WBS的过程是：

（1）明确项目目标。
（2）集中项目有关人员，谈论并确定项目工作的分解方式。
（3）利用模板或者按需分解项目工作。
（4）画出WBS的层次结构图。
（5）将主要项目按需划分为更小的工作包。工作包必须详细到可以对该工作包进行估算（成本和历时）、安排进度、做出预算、分配负责人员或组织单位。
（6）验证上述分解的正确性。如果发现较低层次的项目没有必要，则修改组成成分。
（7）建立一个编号系统。
（8）随着计划推进不断完善WBS。

3. 任务分解原则

（1）任务分层原则。

任务分层原则确保项目的分解结构是有层次的，例如书籍名称相当于项目的总目标；书籍中的每一个章节是项目中包含的每个大项目；章节中的小节相当于大项目中的子项目。因此可以将项目生命周期的各个阶段作为第一层，将每个阶段的交付物作为第二层。如果有的交付物组成复杂，则将交付物的组成元素放在第三层。

（2）80小时原则。

根据80小时原则，工作包的时间跨度不要超过2周时间，否则会给项目控制带来困难，同时控制的粒度不能太细，否则会影响项目成员的积极性。

（3）任务细化原则。

确保能把完成每个底层工作包的职责明确地赋予一个成员、一组成员或者一个组织单元，同时考虑尽量使一个工作细目方便让具有相同技能的一类人承担。将主体目标逐步细化分解，最底层的日常活动可直接分派到个人去完成。每个任务原则上要求分解到不能再细分为止，日常活动要对应到人、时间和资金投入。

（4）团队协作原则。

项目的实现是项目的所有成员共同努力的结果，因此，在制定项目计划过程中，不应当是项目经理一人承担，其他参与项目的人员应当在项目逐步实现过程中参与项目的任务分解和工期预估。

3.1.4 设置任务工期

在甘特图视图中的"工期"域标题中可以看到，工期后面都有一个问号（?），这是系统目前使用的预计工期，用户可将其设置成计划工期。设置任务工期的方法不止一种，接下来对几种常用的操作方法进行介绍。

1. 在"甘特图"视图中设置工期

选择"工期"域标题下方需要设置工期的单元格，手动输入工期数字，或通过单元格右侧的微调按钮直接调整工期，如图3-11所示。

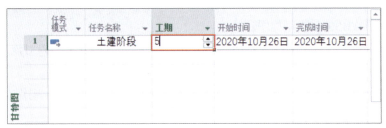

图 3-11

设置完成后按Enter键进行确认，此时工期后面的问号（？）便会消失，接下来设置"开始日期"，按下Enter键后会根据"工期"和"开始时间"自动计算"完成时间"，如图3-12所示。

图 3-12

注意事项 当设置的任务开始时间在项目开始时间之前，或与当前使用的工作日历冲突，会弹出"规划向导"对话框，如图3-13所示，此时用户要根据实际需要在对话框中做出相应的选择。

图 3-13

2. 在"任务信息"对话框中设置工期

除了在"甘特图"视图中设置工期外，用户也可通过"任务信息"对话框设置任务工期。

双击需要设置工期的任务中的任意一个单元格，打开"任务信息"对话框，在"工期"微调框中设置工期，单击"确定"按钮即可，如图3-14所示。

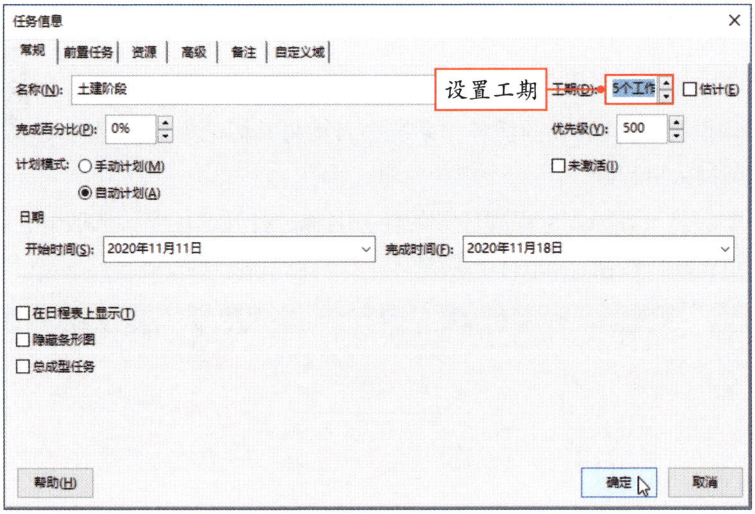

图 3-14

3. 通过条形图设置工期

直接拖动"甘特图"视图中的条形图也可快速调整任务工期。将光标放在条形图的右侧，当光标变成"⇥"形状时，按住左键不放并拖动光标，即可调整工期，如图3-15所示。

图 3-15

> **知识点拨**
>
> 当需要为多个任务同时设置相同工期时，可使用填充法快速输入工期。具体操作方法如下：选中包含工期的单元格，将光标放在单元格的右下角，当光标变成十字形状时按住左键不放并向下拖动光标至需要的位置，松开鼠标后即可为多个项目任务填充相同的工期，如图3-16所示。

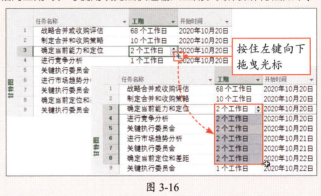

图 3-16

3.1.5 新建里程碑任务

扫码看视频

对于任务中的重要事项可用里程碑显示,里程碑可作为任务进度的参考点,默认情况下工期为0的任务,系统会自动将其标记为里程碑。下面介绍如何插入里程碑。

选择需要在其上方插入里程碑任务的任务名称,打开"任务"选项卡,在"插入"组中单击"里程碑"按钮,如图3-17所示。

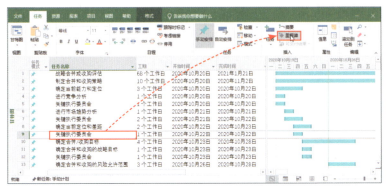

图 3-17

系统随即自动插入一个新任务,该新任务的工期默认为0,在右侧的甘特图中,添加的里程碑将以菱形显示,最后输入里程碑任务的名称即可,如图3-18所示。

图 3-18

3.1.6 新建周期性任务

周期性任务是按照一定周期性重复发生的任务。为了减少频繁重复录入,提高工作效率,可直接插入周期性任务,接下来以插入"每周工作汇报"周期性任务为例进行介绍。

选中需要插入周期性任务的单元格,打开"任务"选项卡,在"插入"组中单击"任务"下拉按钮,在弹出的列表中选择"任务周期"选项,如图3-19所示。弹出"周期性任务信息"对话框,输入任务名称,设置工期以及重复发生方式,单击"确定"按钮,如图3-20所示。

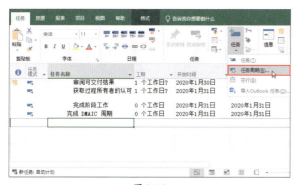

图 3-19　　　　　　　　　　　　图 3-20

编辑区中自选中单元格开始即被插入了周期性任务。在"标记"域标题列中会显示周期性任务标志"○",如图3-21所示。

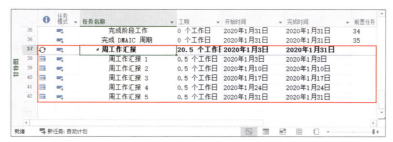

图 3-21

动手练 备注任务信息

扫码看视频

若用户希望对任务进行详细描述,可以在备注中记录任务的额外信息,其具体的操作步骤如下。

Step 01 右击需要添加备注信息的任务记录,在弹出的快捷菜单中选择"备注"选项,如图3-22所示。

Step 02 弹出"任务信息"对话框,在"备注"文本框中输入备注信息,单击"确定"按钮,如图3-23所示。

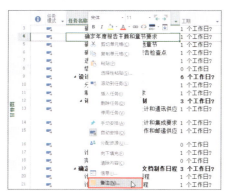
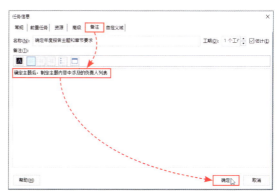

图 3-22　　　　　　　　　　　　图 3-23

55

Step 03 任务模式左侧的备注栏中随即显示备注标志，将光标移至该标志上方，会显示出相应的备注信息，如图3-24所示。

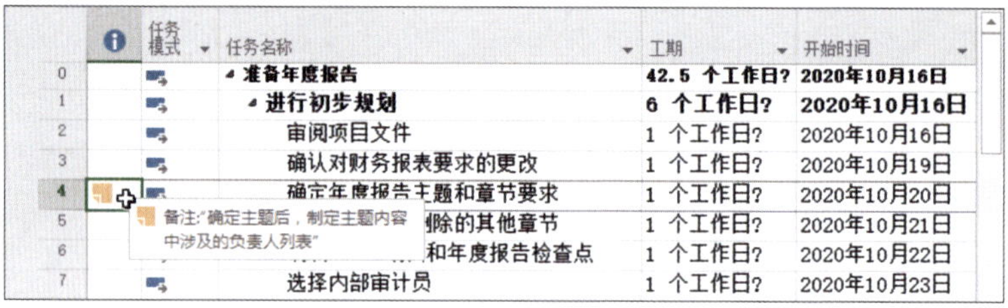

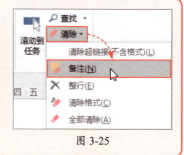

图 3-24

> **知识点拨**
>
> 若要清除备注，可打开"任务"选项卡，在"编辑"组中单击"清除"下拉按钮，在弹出的列表中选择"备注"选项，如图3-25所示。
>
>
>
> 图 3-25

3.2 编辑任务

输入项目任务后，还可根据需要对任务进行编辑或调整，例如插入任务、删除任务、移动任务以及复制任务等。接下来对上述操作进行详细介绍。

▍3.2.1 插入任务

项目任务输入完成后若发现有遗漏，可在需要的位置重新插入新的任务，具体操作方法如下。

选择需要在其上方插入新任务的行中的任意单元格，然后右击，在弹出的快捷菜单中选择"插入任务"选项，如图3-26所示。

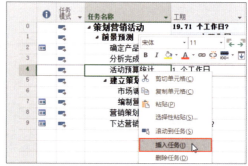

图 3-26

所选位置上方随即插入一条新的空白任务，如图3-27所示。

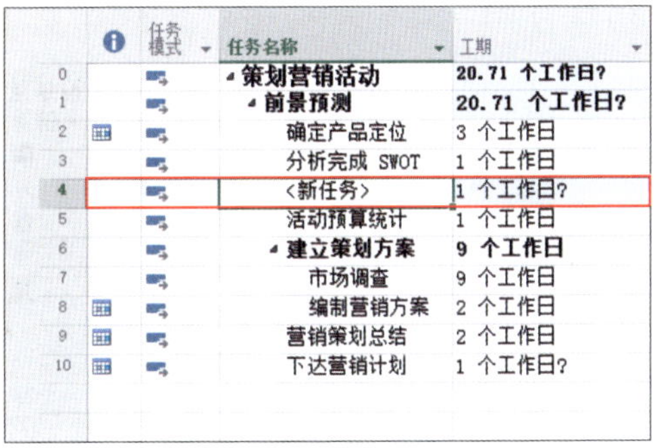

图 3-27

手动输入新任务的任务名称、工期及开始时间即可，如图3-28所示。

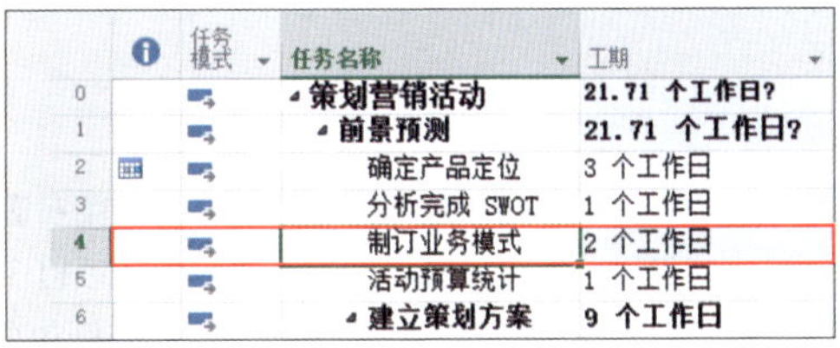

图 3-28

3.2.2 移动或复制任务

创建项目任务的过程中，若需要调整任务位置或者复制任务到其他位置，可按照下面介绍的方法来操作。

1. 移动项目位置

选中需要移动位置的项目，右击，在弹出的快捷菜单中选择"剪切"选项，如图3-29所示。在需要移动至的位置右击，在弹出的快捷菜单中选择"粘贴"选项，即可将任务移动到相应位置，如图3-30所示。

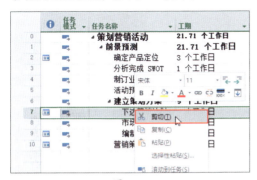

图 3-29

图 3-30

2. 复制项目位置

复制项目的操作和移动项目类似。只需要选中项目后右击，在弹出的快捷菜单中选择"复制"选项，如图3-31所示。随后，在需要的位置右击，在弹出的快捷菜单中选择"粘贴"选项即可。

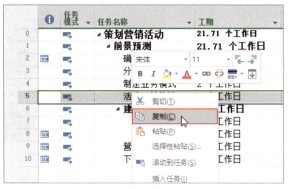

图 3-31

知识点拨

有时由于一些特殊原因,可能导致使用右键菜单命令无法完成项目任务的移动或复制,这时也可以使用鼠标拖曳的方法快速移动或复制项目任务,具体操作方法如下。

选择需要移动的任务所在的行,将光标放在所选行的下方,当光标变成"♦"形状时按住左键不放并向目标位置拖动光标,当目标位置出现一条灰色线条时松开鼠标即可完成移动操作。若在移动光标的过程中按住Ctrl键不放,则执行的是复制项目的操作。

3.2.3 删除任务

若在项目文档中添加了重复的任务或已经添加的任务有误,可将这些任务删除。

选中某个任务后,右击,在弹出的快捷菜单中选择"删除任务"选项即可将该任务删除,如图3-32所示。

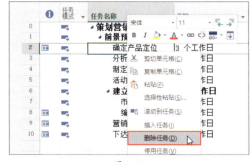

图 3-32

动手练 将任务复制成图片

Project具有选择性粘贴功能,使用该功能可将任务复制为图片,从而保证任务的完整性和不可更改性,具体操作步骤如下:

Step 01 选中需要复制的任务名称,打开"任务"选项卡,在"剪贴板"组中单击"复制"下拉按钮,在弹出的列表中选择"复制图片"选项,如图3-33所示。

Step 02 打开"复制图片"对话框,保持所有选项为默认状态,单击"确定"按钮,如图3-34所示。

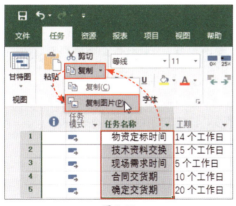
图 3-33

图 3-34

Step 03 返回项目文档,按Ctrl+V组合键,复制的项目将以图片形式被粘贴到文档中,如图3-35所示。

图 3-35

注意事项 在"复制图片"对话框中,若选择"到GIF图像文件"单选按钮,随后单击"浏览"按钮,可将复制的图片保存到计算机中的指定位置。

3.3 设置其他任务信息

在添加任务时,还可以对任务的一些辅助信息进行设定,包括设置任务类型、任务限制、查看任务状态等,下面分别对其进行介绍。

3.3.1 设置任务类型

任务类型可控制工时、工期、工作分配单位,更改任务类型的方法很简单,下面介绍具体操作方法。

在工作表视图区,双击需要修改任务类型的任务,打开"任务信息"对话框,切换到"高级"界面,单击"任务类型"下拉按钮,在弹出的列表中即可选择任务类型,如图3-36所示。

图 3-36

三种任务类型的具体说明见表3-1。

表 3-1

任务类型	说　　明
固定单位	默认创建的任务类型，不管任务工时量或工期如何改变，工作分配单位保持不变
固定工期	不管工时量或分配的资源如何改变，任务工期保持不变
固定工时	不管任务工期或分配给任务的资源量如何改变，工时量保持不变

3.3.2 设置任务的时间限制

Project提供的任务限制包括"最后期限"和"限定类型"两种，用户可根据需要对正在编辑的任务做出相应限制，下面分别介绍设置这两种任务限制的方法。

1. 设置任务最后期限

双击需要设置"任务期限"的任务，打开"任务信息"对话框，在"高级"界面中设置最后期限，如图3-37所示。在所选任务右侧的条形图中，时间刻度旁边出现一个向下的箭头，提醒用户此处有一个限定日期，如图3-38所示。

图 3-37　　　　　　　　　　　图 3-38

> **知识点拨**
> 默认情况下Project的限制日期为NA，表示该任务不受任何限制。

2. 设置强制限定

在表格中双击项目任务，弹出"任务信息"对话框，打开"高级"界面，设置"限制类型"及"限制日期"，单击"确定"按钮，如图3-39所示。

图 3-39

此时，所选任务最左侧标识列中会显示一个标识限制类型的图标，将光标移动到该图标上方可查看具体的限制条件，如图3-40所示。

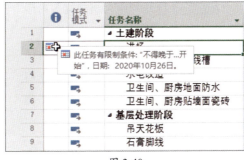

图 3-40

项目任务的限制类型共有八种，每种类型的具体说明见表3-2。

表 3-2

限制类型	说　　明
越早越好	选定任务尽可能早开始，但不得早于项目开始时间
越晚越好	选定任务尽可能晚开始，但不得晚于项目结束时间
必须开始于	选定任务必须在指定日期开始
必须完成于	选定任务必须在指定日期完成
不得晚于…开始	选定任务的开始日期不得晚于指定日期
不得晚于…完成	选定任务的完成日期不得晚于指定日期
不得早于…开始	选定任务的开始日期不得早于指定日期
不得早于…完成	选定任务的完成日期不得早于指定日期

动手练 为项目任务添加超链接

若项目文件中某些任务需要同外部文件或其他信息相关联，可以使用超链接功能对其进行链接，具体操作方法如下：

Step 01 选中需要创建超链接的任务，右击，在弹出的快捷菜单中选择"链接"选项，如图3-41所示。

图 3-41

Step 02 打开"插入超链接"对话框，此处选择链接到计算机中的文件，单击"浏览文件"按钮，在弹出的对话框中选择需要链接到的文件。最后返回到"插入超链接"对话框，单击"确定"按钮，如图3-42所示。

图 3-42

Step 03 所选任务的标记栏中随即出现超链接图标，单击该图标可打开链接到的文件，如图3-43所示。

图 3-43

3.4 设置任务链接

在设置任务工期时，用户可能会发现默认的任务开始时间相同，然而在实际工作中很多任务之间都有一定的先后顺序，为了更好地将这些任务联系起来，可以设置任务链接。

3.4.1 任务关联性分类

任务之间的关联性是指两个任务之间的关系。在Project中，任务之间的关联性有四种，具体说明见表3-3。

表 3-3

链接类型	关　系
FS（完成-开始）	前置任务完成，后续任务才能开始
SS（开始-开始）	前置任务开始，后续任务才能开始
FF（完成-完成）	前置任务完成，后续任务才能完成
SF（开始-完成）	前置任务开始，后续任务才能完成

3.4.2 建立任务链接

通过创建任务之间的链接可建立任务间的关系。创建任务链接的方法有很多种，下面分别进行介绍。

1. 为两个任务创建链接

在"甘特图"视图中将光标移动到需要和其他任务创建链接的条形图上方，当光标变成"✥"形状时按住左键不放并向目标任务图形拖曳光标，如图3-44所示，松开鼠标后即可完成两个任务的链接。默认情况下，此方法建立的链接关系为FS（完成-开始）关系，如图3-45所示。

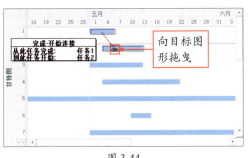
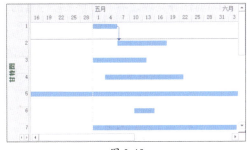

图 3-44　　　　　　　　　　　　　图 3-45

2. 链接多个关联性任务

当需要同时为多个具有关联性的任务创建链接时，可将多个任务全部选中，然后打开"任务"选项卡，在"日程"组中单击"链接选定的任务"按钮。在右侧的甘特图中，选定的任务之间随即自动完成链接，如图3-46所示。

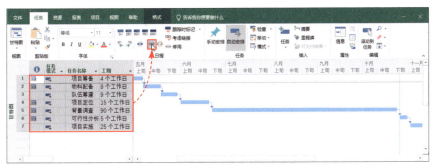

图 3-46

3.4.3　调整任务关系

为项目创建链接后，需要根据任务的执行状态调整任务之间的链接类型，操作方法如下。

在"甘特图"视图中双击条形图之间的链接线，弹出"任务相关性"对话框，单击"类型"下拉按钮，在弹出的列表中选择需要的选项，即可调整任务之间的关系，如图3-47所示。

图 3-47

3.4.4 延迟和重叠链接任务

延迟任务即推迟任务开始的时间,而重叠任务则是提前任务开始的时间。下面对延迟和重叠链接任务的方法进行详细介绍。

1. 延迟链接任务

当前任务完成之后,由于某些因素的影响,后续任务无法按照链接任务安排的时间进行工作时,则需要延迟项目任务,操作方法如下。

双击需要延迟的任务,打开"任务信息"对话框,切换到"前置任务"界面,在"延隔时间"微调框中设置延迟的时间,最后单击"确定"按钮即可,如图3-48所示。

图 3-48

2. 重叠链接任务

在前置任务尚未完成时便开始后续任务,称为重叠链接任务。重叠任务的设置方法和延迟任务的设置方法相同,只是需要将"任务信息"对话框中的"延隔时间"设置成负值,如图3-49所示。

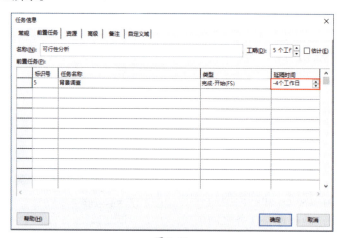

图 3-49

3.4.5 取消任务链接

为任务创建链接后，若想取消任务之间的相关性，可将这些任务选中，然后打开"任务"选项卡，在"日程"组中单击"取消链接任务"按钮即可，如图3-50所示。

图 3-50

动手练 拆分任务

若要将一个任务拆分成两个单独的任务，在不同的日期内完成，可使用"拆分任务"功能。接下来介绍"拆分任务"的具体步骤。

Step 01 在"甘特图"视图中打开"任务"选项卡，在"日程"组中单击"拆分任务"按钮，如图3-51所示。

Step 02 将光标移动到右侧条形图中，让光标在需要拆分的条形图上方移动，此时光标呈"⇥"形状，通过屏幕提示内容确定好开始拆分的位置，如图3-52所示。

图 3-51

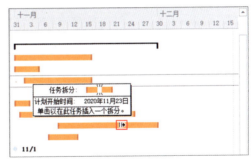

图 3-52

Step 03 按住左键不放并向右侧拖动光标，通过屏幕提示内容判断任务的开始时间及完成时间，如图3-53所示。

Step 04 拖动到合适位置时松开鼠标即可完成任务的拆分操作，如图3-54所示。

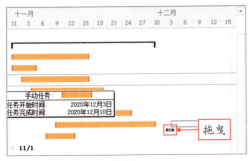

图 3-53

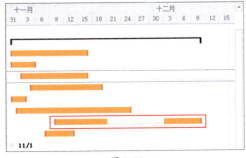

图 3-54

案例实战：创建营销活动计划项目

对于销售业来说，一个成功的促销活动方案能够大幅提升销售额。那么使用Project如何创建营销活动计划项目呢？接下来进行详细介绍。

Step 01 启动Project软件，新建"营销活动计划项目"文档，在状态栏右侧单击"新任务：手动计划"选项，在弹出的列表中选择"自动计划"选项，如图3-55所示。

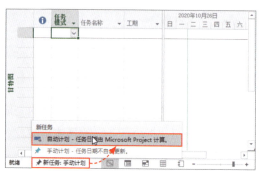

图 3-55

Step 02 在"任务名称"域标题下方输入任务名称，此时工期、开始时间、完成时间中会自动输入内容，如图3-56所示。

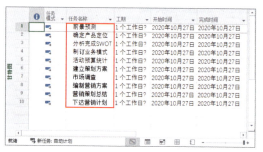

图 3-56

Step 03 选中第2~5项任务的任务名称，打开"任务"选项卡，在"日程"组中单击"降级任务"按钮，将所选任务降级为第1项任务的子任务，如图3-57所示。

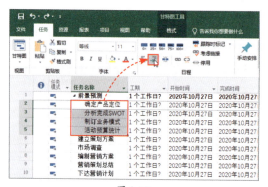

图 3-57

Step 04 参照Step 03，将第7～10项任务降级为第6项任务的子任务。选中第1行中的摘要任务名称，打开"任务"选项卡，在"插入"组中单击"摘要"按钮，如图3-58所示。

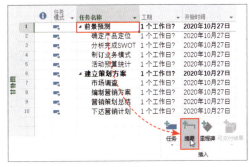

图 3-58

Step 05 所选摘要任务上方随即被插入一个新的空白摘要，输入该摘要任务的名称为"营销活动策划"。接下来选中除了第一个摘要任务之外的所有任务名称，打开"任务"选项卡，在"日程"组中单击"降级任务"按钮，将所选任务全部降级，如图3-59所示。

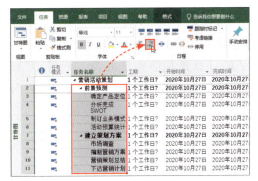

图 3-59

Step 06 手动设置所有子任务的工期以及开始时间，自动计算出完成时间，如图3-60所示。

图 3-60

Step 07 选中第3～6行，在"任务"选项卡中的"日程"组内单击"链接选定的任务"按钮，为对应的条形图添加连接箭头，如图3-61所示。

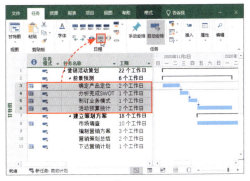

图 3-61

Step 08 双击"分析完成SWOT"任务，打开"任务信息"对话框，切换到"前置任务"界面，设置"类型"为"开始-开始（SS）"，单击"确定"按钮，如图3-62所示。

图 3-62

Step 09 参照Step 08，双击"活动预算统计"任务，再次打开"任务信息"对话框，设置其前置任务为"开始-开始（SS）"，完成后条形图的链接效果如图3-63所示。

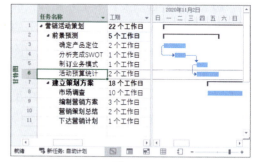

图 3-63

Step 10 双击"编制营销方案"任务，弹出"任务信息"对话框，打开"高级"界面，勾选"标记为里程碑"复选框，最后单击"确定"按钮，如图3-64所示。

图 3-64

Step 11 至此完成营销活动计划项目的创建，效果如图3-65所示。

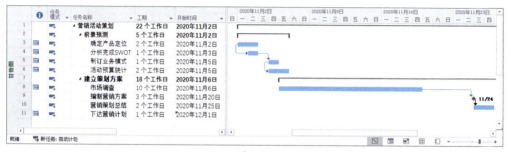

图 3-65

新手答疑

1. Q: 如何修改项目的默认计划方式？

  A: 在Project中创建任务时默认的计划方式为"手动计划"，用户可通过以下两种方式将计划方式修改成"自动计划"。

  方法一：单击状态栏右侧的"新任务：手动计划"选项，在弹出的列表中选择"自动计划"选项，如图3-66所示。

  方法二：在"任务"选项卡中的"任务"组内单击"模式"下拉按钮，在弹出的列表中选择"自动安排"选项，如图3-67所示。

图 3-66　　　　　　　　　图 3-67

2. Q: 如何删除摘要任务？

  A: 若直接删除摘要任务，其子任务也会一同被删除。若想只删除摘要任务，需要先升级其子任务，让摘要任务和子任务为同一级别再进行删除。升级任务按钮在"任务"选项卡中的"日程"组内，如图3-68所示。

图 3-68

3. Q: 项目文档中有些任务以灰色显示，是怎么回事？

  A: 说明这些任务被停用了。在"任务"选项卡中的"日程"组中单击"停用"按钮可停用或激活所选任务，如图3-69所示。

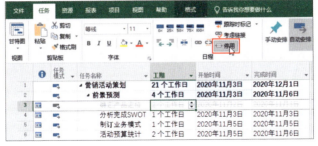

图 3-69

读书笔记

第4章
项目资源的管理

项目计划安排完成后,还需要将现有资源合理分配到任务中,以确保在有效的时间内高质量地完成项目。本章内容将对如何创建项目资源并将其合理分配,以及有效管理资源等内容进行详细介绍。

4.1 了解并创建项目资源

项目资源是项目计划中参与项目的人员、设备、材料、所花费的费用或其他材料等，在学习如何创建项目资源之前，需要先了解资源的基础知识。

4.1.1 Project中的资源类型

在Project中，成本的管理基本是通过资源实现的，项目的直接成本可划分成三类"资源"来实现，包括工时资源、材料资源以及成本资源。

1. 工时资源

工时资源是完成项目过程中需要按时付费的资源，即参与任务的人员和设备资源需要按照工时开展计划。

例如，在开展计划过程中，需要的人力成本（也可以理解为参与项目人员的工资）按照参与项目的时间来支付；在项目开展过程中，如果需要租赁一些房屋、大型设备、临时场地等按时间付费的资源，都是工时资源。区别工时资源和其他两种资源最有效的方式是工时资源会受到时间的限制。

2. 材料资源

材料资源是完成项目过程中所需要使用到的可消耗的材料或供应品。在项目中设置材料资源可便于跟踪项目的资源消耗量及成本额，材料资源会随着项目的逐步完成而消耗。

例如，混凝土、石灰、瓷砖、地板、五金器材、玻璃、木材等都属于材料资源。在设置材料资源时，还可以按需定义材料资源的单位或标签，例如，pcs（片）、kg（千克）、吨、箱、立方米、平方米等。材料资源与其他两种资源的区别是材料资源是按数量计算费用的资源，在使用过程中会受到数量的限制。

3. 成本资源

成本资源是项目的财务债务。在项目完成过程中，成本资源不参与工作，也不影响日程的安排。

例如，住宿费、礼品费、交通费、资产成本或其他固定任务成本。设置成本资源时，需设置默认的按比例分摊成本的累算值，向任务分配成本资源时，应设置分配的成本值而不能设置工时值。

4.1.2 创建资源工作表

资源的合理分配对项目的有效执行起着至关重要的作用，在对资源进行管理之前，首先需要建立一个资源库，方便用户将资源分配给任务，下面介绍如何创建资源工作表。

在"甘特图"视图模式中打开"任务"选项卡，单击"甘特图"下拉按钮，在弹出的列表中选择"资源工作表"选项，如图4-1所示。

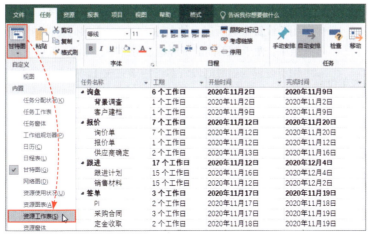

图 4-1

此时页面切换到"资源工作表"视图。在这个表格中包含很多默认的域标题，例如资源名称、类型、材料标签等。资源信息的创建以及后期的修改都需要在该视图中进行，如图4-2所示。

图 4-2

"资源工作表"视图中主要包含14个标题域，表4-1对这些标题域的作用进行详细说明。

表 4-1

序号	名称	功能说明
01	标记	用于显示不同类型的信息图标，当光标指向这些图标时，屏幕中会显示该图标更多的相关信息
02	资源名称	用于输入资源的名称
03	类型	用于指定资源的类型。共三种类型，分别为材料、成本以及工时，当输入资源名称后资源类型默认为"工时"
04	材料标签	用于设置材料资源的度量单位，例如将"米"用于水管，将"吨"用于黄沙等

73

（续表）

序号	名称	功能说明
05	缩写	用于显示资源名称的缩写，默认使用资源名称的第一个字作为缩写
06	组	用于设置资源所属组的名称，即将具有共同特性的资源分配到一个组中，便于对不同的资源组进行排序、筛选、汇总或展示等
07	最大单位	用于设置当前时间段资源可用于完成任何任务的最大工时量，其默认值为100%
08	标准费率	用于显示或设置资源完成的正常非加倍工时的付费费率，标准费率默认以小时为单位计算
09	加班费率	指的是加班工时对应的费率，默认以小时为单位计算。一般情况下很少用到，即使有加班工时，但是并不按照加班费率来算的话，加班费率无须设置
10	每次使用成本	在工时资源类型中，将显示每次使用资源时所进行累算的成本。每次将工时资源单位分配给任务时，该成本都会增加，且不会根据资源的延续而变化。在材料资源类型中，将显示累算一次的成本，而不考虑单位数量
11	成本累算	用于确定资源标准成本和加班成本计入或累算到任务成本的方式和时间
12	基准日历	用于指定资源的日历类型，仅适用于工时类资源。包括24小时、标准和夜班三个内置日历，以及用户新创建的日历。基准日历可以确定资源总的可用性和工时容量
13	代码	表示包含任何要将其作为资源信息的一部分的输入代码、缩写或数字，一般情况下很少使用到
14	添加新列	用于快速添加一个指定类型的新列

> **知识点拨**
>
> 成本累算中包含以下几个方式，具体如下：
> - "开始时间"选项表示在任务开始时便进行累算。
> - "结束"选项表示直到剩余工时为0时才进行累算。
> - "按比例"选项表示成本基于排定的工时和报告的实际工时进行累算，其计算公式为工时×单位成本。

4.1.3 添加项目资源

在Project中，资源信息可直接在"资源工作表"中创建，也可在"资源信息"对话框中创建，同时还需要考虑不同资源类型的设置方法。

扫码看视频

1.添加工时类资源

在"资源工作表"视图中选择"资源名称"域标题下方的单元格，输入资源的名称，输入完成后按Enter键，此时默认的资源类型为"工时"，如图4-3所示。

图 4-3

继续向下输入其他资源名称，缩写、最大单位、标准费率、加班费率等标题域下方会显示出默认值，用户此时可根据需要编辑这些资源信息，如图4-4所示。

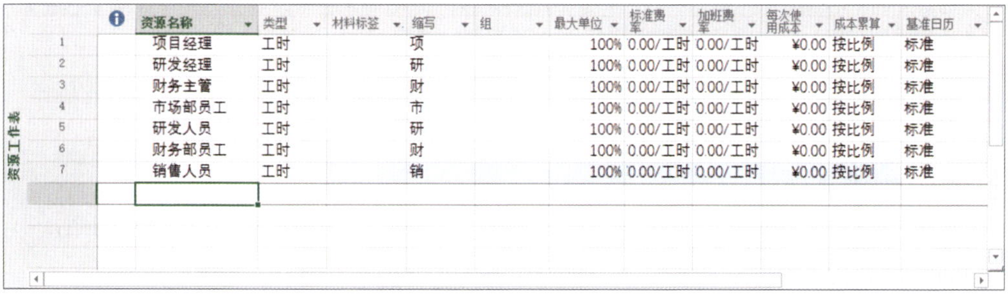

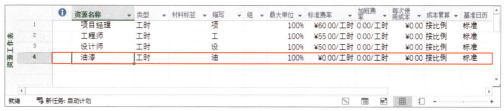

图 4-4

2. 创建材料类资源

材料资源的添加和工时资源大致相同，下面介绍如何使用"资源信息"对话框添加材料资源。

在"资源名称"域标题中输入油漆，此时默认的类型为"工时"，双击该资源，如图4-5所示。

图 4-5

弹出"资源信息"对话框，在"常规"界面中设置"类型"为"材料"，输入材料标签为"桶"，如图4-6所示。切换到"成本"界面，在默认的A表中输入"标准费率"为"450"，如图4-7所示。

图 4-6　　　　　　　　　　　　　　　图 4-7

此时资源工作表中的"油漆"已被设置为材料资源并输入了材料标签及标准费率。这里的材料标签即表示单位，标准费率为每桶油漆的价格，如图4-8所示。

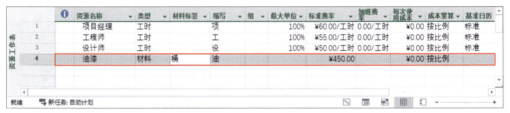

图 4-8

3. 创建成本类资源

在Project中设置成本类资源是三个资源中最简单的一种。直接在资源工作表中输入成本类资源的名称，然后将类型由"工时"修改为"成本"即可，如图4-9所示。

图 4-9

注意事项　成本类资源除了"类型"是必须设置的，其他信息，例如缩写、组、成本累计代码都是可选的，一般不需要设置。剩余的，例如材料标签、最大单位、标准资费、加班费率等则是不可用的。

动手练　插入资源

当需要在两个资源名称之间添加新的资源时，可使用插入资源功能来操作。下面介绍具体操作步骤。

Step 01　选择需要在其上方插入资源的资源名称，打开"资源"选项卡，在"插入"

组中单击“添加资源”下拉按钮，在弹出的列表中选择“材料资源”选项，如图4-10所示。

Step 02 资源工作表中随即被插入一个空白的材料资源，根据需要输入资源名称及相应的信息即可，如图4-11所示。

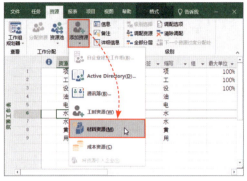

图 4-10

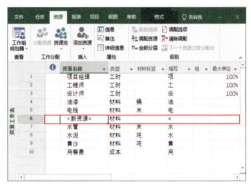

图 4-11

4.2 资源信息的设置

资源信息的设置包括设置资源的可用性、资源的预定类型、更改资源日历等。下面详细介绍资源信息的设置方法。

4.2.1 设置资源费率

项目的开展需要财务方面的支持，并且成本的多少直接限定了许多项目的范围。下面对资源费率的设置进行介绍。

1. 设置单个资源费率

为单个资源设置资源费率，只需在“资源工作表”视图中输入资源的标准费率或加班费率即可，如图4-12所示。

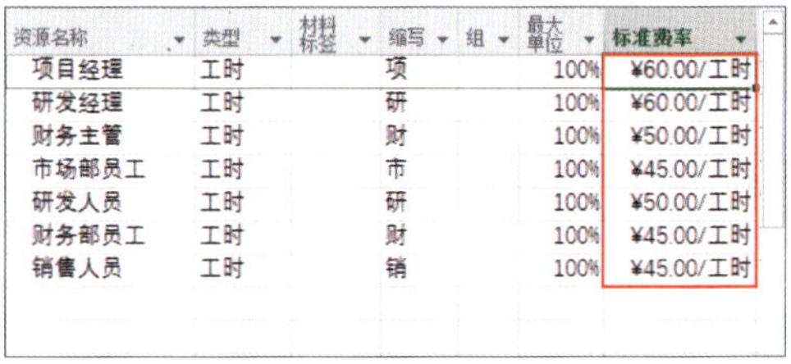

资源名称	类型	材料标签	缩写	组	最大单位	标准费率
项目经理	工时		项		100%	¥60.00/工时
研发经理	工时		研		100%	¥60.00/工时
财务主管	工时		财		100%	¥50.00/工时
市场部员工	工时		市		100%	¥45.00/工时
研发人员	工时		研		100%	¥50.00/工时
财务部员工	工时		财		100%	¥45.00/工时
销售人员	工时		销		100%	¥45.00/工时

图 4-12

2. 设置不同时间段的资源费率

在使用Project进行项目管理时，经常会遇到跨年份的项目。例如项目经理2020年的标准费率是60元/工时，2021年的标准费率是65元/工时，应该如何设置标准费率呢？具体操作方法如下：

先输入2020年的标准费率60元/工时,然后双击该资源名称,弹出"资源信息"对话框,打开"成本"界面,此时默认显示的是成本费率表A(默认),表格中只显示了一行内容,即项目经理所有时段的费率都是60元/工时,在第二行中设置生效日期为2021年1月1日,标准费率为65元/工时,单击"确定"按钮即可,如图4-13所示。

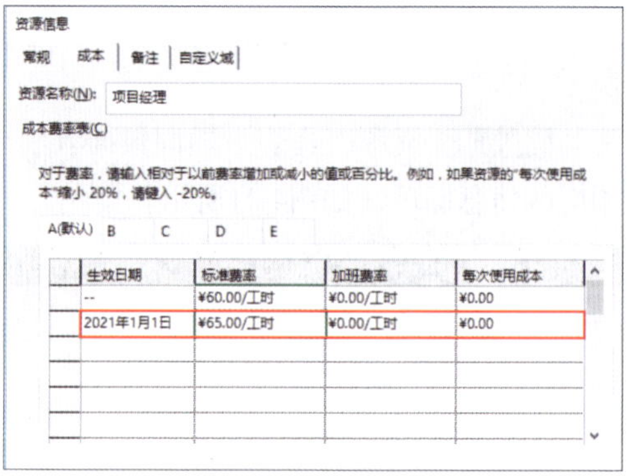

图 4-13

4.2.2 设置资源的可用性

在现实中很多项目的团队成员可能同时服务于多个项目,那么在制订计划时就需要考虑资源的可用性问题。下面介绍如何设置资源在不同时间段时的可用性。

在"资源工作表"中双击指定资源,弹出"资源信息"对话框,在"常规"界面中设置资源的"开始时间可用"与"可用到"时间以及单位值,最后单击"确定"按钮即可,如图4-14所示。

图 4-14

注意事项 设置资源可用性时,必须要保证时间段是连续的。否则会出现错误提示。

4.2.3 设置资源的预定类型

资源的预定类型包括"已建议"和"已提交"两种。其中"已提交"表示已经将资源分配给项目,而"已建议"则表示资源尚未分配给项目。

双击资源名称,打开"资源信息"对话框,在"常规"界面中单击"预定类型"下拉按钮,在弹出的列表中可选择资源的预定类型,如图4-15所示。

图 4-15

知识点拨

建议资源一般在评估建议新项目或发现有项目的新阶段时使用。建议资源有助于预测新项目或新阶段的成本、可用性和日程安排。

4.2.4 设置资源的工作时间

资源默认使用系统内置的"标准"工作时间，用户可根据需要调整指定的某个资源的工作时间。

双击需要修改工作时间的资源，打开"资源信息"对话框，在"常规"界面中单击"更改工作时间"按钮，如图4-16所示。

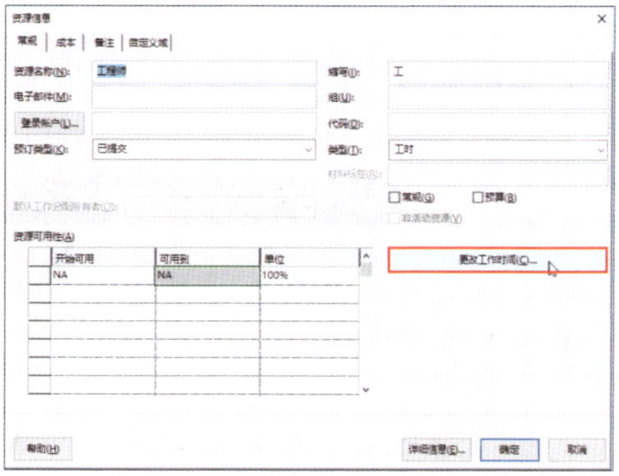

图 4-16

弹出"更改工作时间"对话框，切换到"工作周"界面，单击"详细信息"按钮，如图4-17所示。

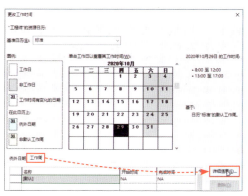

图 4-17

在弹出的对话框中包含三个选项，其中，"将基准日历时间用于下列日期"表示为选择的日期使用默认的基准日历；"将所列日期设置为非工作时间"表示将选择的日期设置为非工作日；"对所列日期设置以下特定工作时间"表示可以为所选日期设置指定的开始时间和结束时间。在对话框左侧选择日期及工作方式即可调整周工作时间，如图4-18所示。

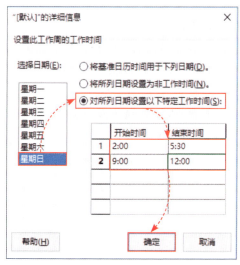

图 4-18

动手练 为每周三设置加班时间

在执行项目的过程中难免会有一些例外日期安排，例如请假、加班、调休等。下面为指定资源在2020年11月份的每周三设置四个小时的加班时间，具体操作步骤如下：

Step 01 在"资源工作表"视图中选中需要设置加班时间的资源，打开"项目"选项卡，在"属性"组内单击"更改工作时间"按钮，如图4-19所示。

图 4-19

Step 02 弹出"更改工作时间"对话框，打开"例外日期"界面，在表格中输入名称"周三加班"，开始时间为"2020/11/11"，完成时间为"2020/11/30"，单击"详细信息"按钮，如图4-20所示。

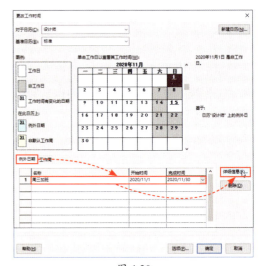

图 4-20

Step 03 在弹出的对话框中选择"工作时间"单选按钮，在表格的第3行中输入加班开始时间和结束时间。设置重复发生方式为"每周"的"周三"，最后在"重复范围"组中选择"到"单选按钮，设置日期为"2020年11月30日"。单击"确定"按钮即可，如图4-21所示。

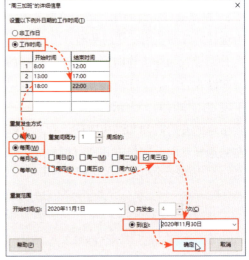

图 4-21

4.3 资源的分配方式

项目任务和资源创建完毕后，还需将资源合理分配给任务，才能充分体现资源的价值。不同类型的资源分配方式也不同，下面详细介绍不同视图中资源的分配方式。

4.3.1 在"甘特图"视图中分配

若项目中使用的资源较少，可使用"甘特图"视图来分配资源。下面介绍具体操作方法。

打开项目文档，进入"甘特图"视图，选中指定任务中的资源名称所在的单元格，单击单元格右侧的下拉按钮，在弹出的列表中将显示资源名称，在这里勾选需要分配给当前任务的资源即可，如图4-22所示。

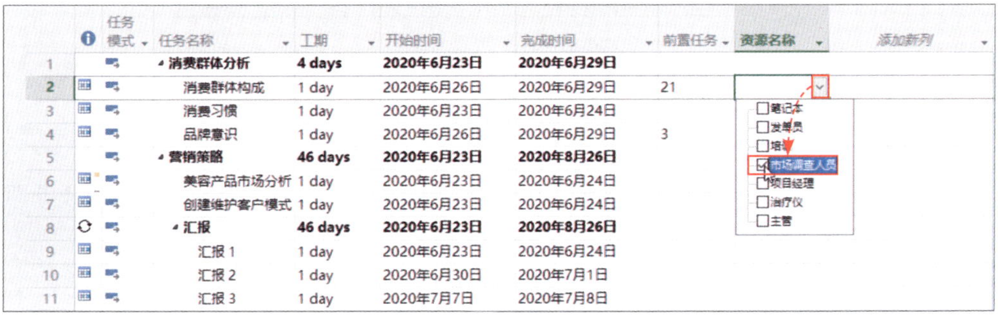

图 4-22

参照上述方法，可继续为其他任务分配资源。将资源分配给任务后在甘特图的条形图右侧会显示资源的名称，如图4-23所示。

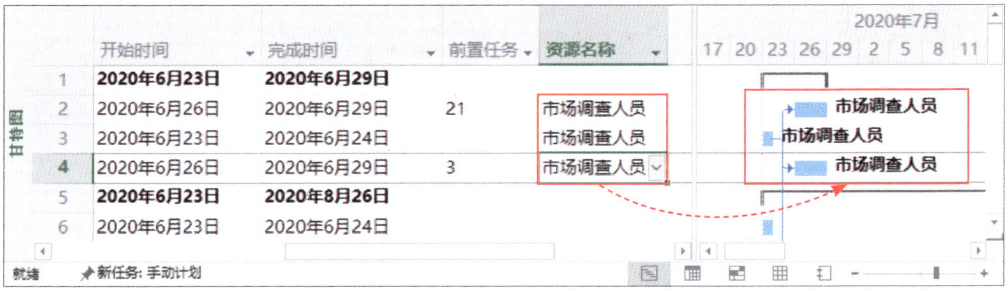

图 4-23

注意事项 若要为当前任务分配多个资源，可在资源名称的下拉列表中同时勾选多个资源。

4.3.2 使用"分配资源"对话框分配资源

当需要为单一任务分配多个资源或为多个任务分配多个相同的资源时，可使用"分配资源"对话框快速分配资源，下面介绍具体操作方法。

在"甘特图"视图选中需要分配资源的多个任务,打开"资源"对话框,在"工作分配"组中单击"分配资源"按钮,如图4-24所示。弹出"分配资源"对话框,按住Ctrl键依次选择多个资源名称,单击"分配"按钮,如图4-25所示。

图 4-24

接下来根据需要设置资源的单位,单击"关闭"按钮,如图4-26所示,所选任务即可同时被分配多个相同的资源。

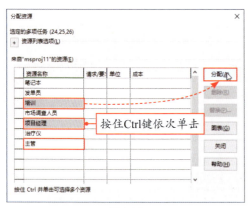

图 4-25

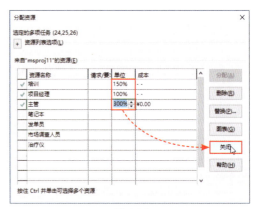

图 4-26

4.3.3 使用"任务信息"对话框分配资源

使用"任务信息"对话框,也可一次性为单一任务分配多个资源,具体操作步骤如下。

在"甘特图"视图中双击指定任务,弹出"任务信息"对话框,切换到"资源"界面,在"资源"列表中选中"资源名称"下方的第一个单元格,单击单元格右侧的下拉按钮,在弹出的列表中选择一个任务名称,如图4-27所示。

继续在"资源"列表中添加其他资源名称并根据需要设置单位。例如,在该任务中需要使用2台笔记本电脑，则设置其单位为"2"，设置完成后单击"确定"按钮即可，如图4-28所示。

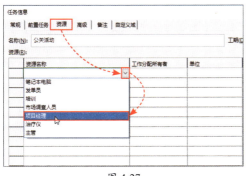
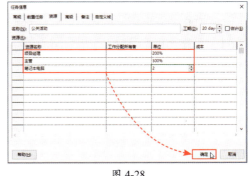

图 4-27　　　　　　　　　　　　　　图 4-28

动手练　查看资源分配情况

完成资源分配后，可检查是否有资源被遗漏，未进行分配或已分配的资源是否有冲突。接下来介绍查看资源分配情况的具体操作步骤。

Step 01 打开"资源"选项卡，单击"工作组规划器"下拉按钮，在弹出的列表中选择"资源使用状况"选项，如图4-29所示。

Step 02 项目文档随即切换到"资源使用状况"视图，在"未分配的"组中显示尚未分配资源的任务，用户可根据提醒重新为其分配资源。当"标记"栏中显示" "图标并且资源名称呈红色，表明该资源被过度分配，如图4-30所示。

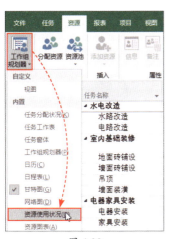

图 4-29　　　　　　　　　　　　　　图 4-30

Step 03 在"资源使用状况"视图中的"资源"选项卡中单击"详细信息"按钮，如图4-31所示。

Step 04 当前视图会被拆分成上下两部分，视图下方显示"资源窗体"，在该窗体中可查看分配给所选资源的任务，或编辑该资源的详细信息，如图4-32所示。

图 4-31

图 4-32

4.4 资源的调配

当项目受到某些因素的影响需要延迟或提前时，可通过重新分配工作的时间来保证项目的顺利进行。例如，项目中有过度分配的资源时可对资源进行重新调配。

4.4.1 自动调配资源

调配资源的方式不止一种，用户可选择让资源进行自动调配，也可以选择手动调配资源。下面先介绍如何自动调配资源。

选中项目文档中的所有项目，打开"资源"选项卡，在"级别"组中单击"调配资源"按钮，如图4-33所示。弹出"调配资源"对话框，单击"开始调配"按钮，如图4-34所示，即可重新自动调配资源。

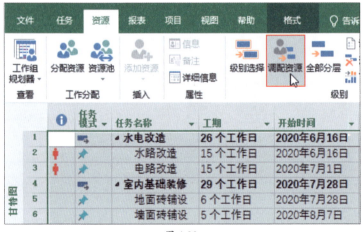
图 4-33

图 4-34

知识点拨

开始调配资源之前，用户可通过“资源调配”对话框对资源调配的相关选项进行设置，如图4-35所示。在“资源”选项卡的“级别”组内单击“调配选项”按钮可打开该对话框。

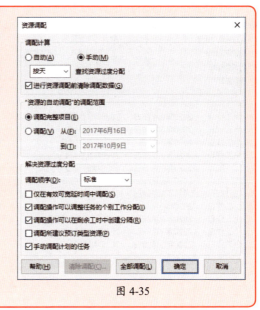

图 4-35

4.4.2 手动调配资源

手动调配资源可将项目中的资源重新调配给其他任务，以保证项目的顺利进行。如图4-36所示的项目中有两个过度分配的任务，导致过度分配的原因是“杂工”的工作时间超出了资源设置的最大单位，这里将手动调配杂工的工作时间，将“杂工”替换成“水电工”，具体操作方法如下：

	任务模式	任务名称	工期	开始时间	完成时间	前置任务	资源名称
1		**水电改造**	**26 个工作日**	**2020年6月16日**	**2020年7月21日**		
2		水路改造	15 个工作日	2020年6月16日	2020年7月6日		水管[1],杂工
3		电路改造	15 个工作日	2020年7月1日	2020年7月21日		水电工,水管[1],杂工,钻孔机,项目工程师
4		**室内基础装修**	**29 个工作日**	**2020年7月28日**	**2020年9月4日**		
5		地面砖铺设	6 个工作日	2020年7月28日	2020年8月4日		项目工程师,杂工,钻孔机,瓷砖[1],泥瓦工
6		墙面砖铺设	5 个工作日	2020年8月7日	2020年8月13日		瓷砖[1],泥瓦工,壁纸[1],切割机,设计师,项目
7		吊顶	6 个工作日	2020年8月14日	2020年8月21日		木龙骨[1],泥瓦工
8		墙面装潢	10 个工作日	2020年8月24日	2020年9月4日		壁纸[1],扣板[1],泥瓦工,切割机,设计师,项目
9		**家电家具安装**	**25 个工作日**	**2020年9月7日**	**2020年10月9日**		
10		电器安装	15 个工作日	2020年9月7日	2020年9月25日		水电工,设计师,杂工,钻孔机,空调[1],电线[1]
11		家具安装	10 个工作日	2020年9月28日	2020年10月9日		水管[1],洗漱台[1],杂工,钻孔机,设计师,马桶

图 4-36

Step 01 先将视图模式切换到“甘特图”视图，打开“视图”选项卡，在“数据”组中单击“筛选器”下拉按钮，在弹出的列表中选择“显示自动筛选”选项，如图4-37所示。

Step 02 此时甘特图中每个域标题右侧都出现了一个筛选按钮，单击“资源名称”域标题中的筛选按钮，在筛选器中勾选“杂工”复选框，单击“确定”按钮，如图4-38所示。

图 4-37 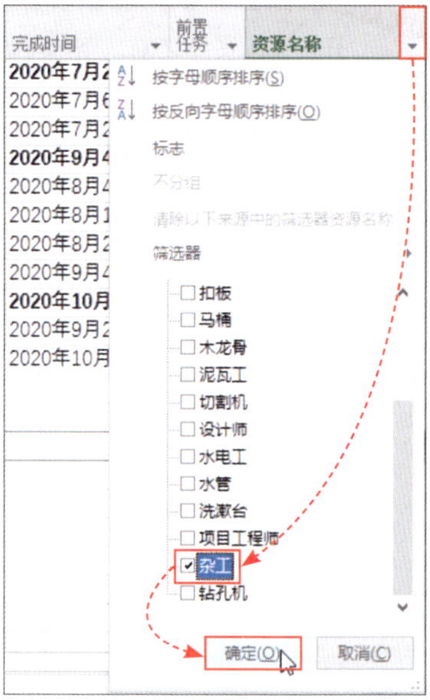　　　　　　　　　　　图 4-38

Step 03 所有被分配了杂工资源的任务随即全部被筛选出来，选择第一个过度分配的任务名称，打开"资源"选项卡，在"工作分配"组中单击"分配资源"按钮，如图4-39所示。

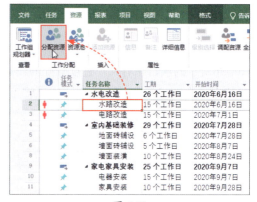

图 4-39

Step 04 弹出"分配资源"对话框，选中"杂工"的资源名称，单击"替换"按钮，弹出"替换资源"对话框，选择"水电工"资源名称，单击"确定"按钮，如图4-40所示。

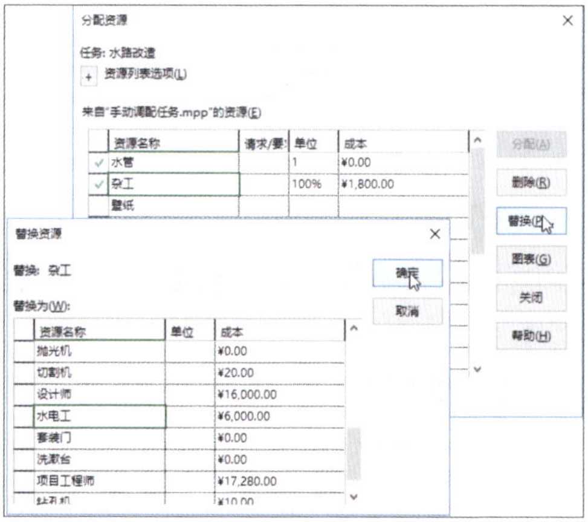

图 4-40

Step 05 资源替换完成后，项目中的过度分配图标会自动消失，在"资源名称"域中可以查看到资源被替换后的结果，如图4-41所示。

图 4-41

动手练 使用"检查器"处理过度分配的资源

当项目任务中有过度分配的资源时，可通过右键菜单中的"修复任务检查器"功能快速查看过度分配的原因、重新调配资源以及查看工作组规划器中的过度分配资源等。具体操作步骤如下：

Step 01 在"标记"列中右击过度分配图标，在弹出的快捷菜单中选择"修复任务检查器"选项，如图4-42所示。

Step 02 窗口右侧随即打开"检查器"窗格，在该窗格中显示了当前任务过度分配的原因。单击"将任务移动到资源的下一个可用时间"按钮，可自动重新规划任务的可用时间，从而解决资源过度分配的问题，如图4-43所示。

图 4-42

图 4-43

Step 03 若在"检查器"窗格中单击"查看工作组规划器中的过度分配资源"按钮，可切换至"工作组规划器"视图，查看过度分配的资源，如图4-44所示。

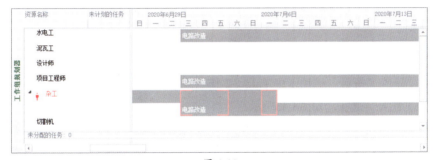

图 4-44

案例实战：创办新公司项目

在创办新公司的过程中会涉及市场定位、选址、办公室装修、运营前的准备等。如何合理分配这些资源，从而快速有效地完成项目呢？下面详细进行说明。

Step 01 新建Project项目文档，选择保存位置，将文档命名为"创办新公司项目"，如图4-45所示。

Step 02 打开"项目"选项卡，在"属性"组中单击"项目信息"按钮，在弹出的对话框中设置项目的开始日期以及完成日期，如图4-46所示。

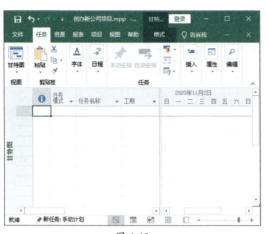

图 4-45　　　　　　　　　　　　　图 4-46

Step 03 在甘特图中输入任务名称并设置任务模式、工期、开始时间以及完成时间，如图4-47所示。

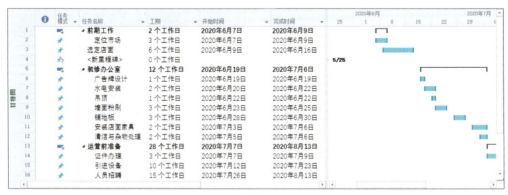

图 4-47

Step 04 在"资源"选项卡中单击"工作组规划器"下拉按钮，在弹出的列表中选择"资源工作表"选项，如图4-48所示。

Step 05 切换到"资源工作表"视图，在该视图中输入资源名称并选择资源类型及其他信息，随后选择"小时工"资源名称，打开"资源"选项卡，在"属性"组中单击

"信息"按钮，如图4-49所示。

图 4-48

图 4-49

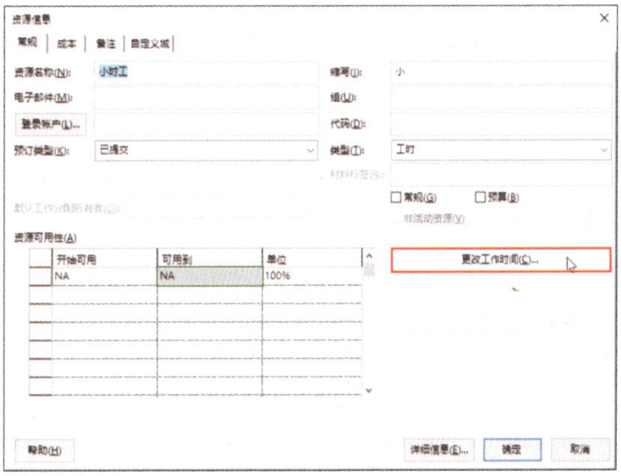

Step 06 弹出"资源信息"对话框，单击"更改工作时间"按钮，如图4-50所示。

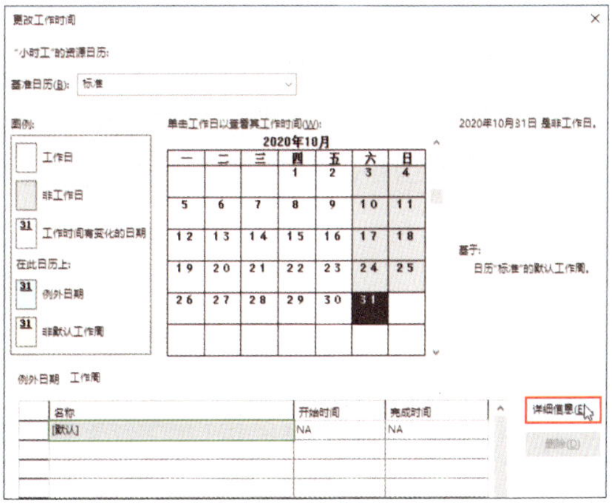

图 4-50

Step 07 打开"更改工作时间"对话框，切换到"工作周"界面，单击"详细信息"按钮，如图4-51所示。

图 4-51

Step 08 在弹出的对话框中按住Ctrl键依次选择"星期一"至"星期五"选项，选择"将所列日期设置为非工作时间"单选按钮，如图4-52所示。

Step 09 继续选择"星期六"和"星期日"，选择"对所列日期设置以下特定工时间"单选按钮，在表格中设置开始时间和结束时间，单击"确定"按钮，如图4-53所示。

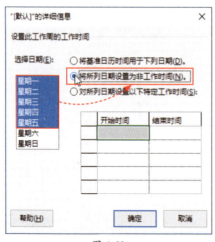

图 4-52

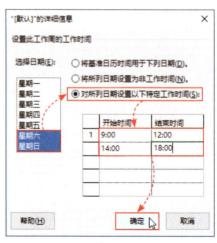

图 4-53

Step 10 在"视图"选项卡中单击"甘特图"按钮，切换到"甘特图"视图模式，选中"市场定位"任务的"资源名称"单元格，单击右侧的下拉按钮，在弹出的列表中勾选"市场调查员"和"项目经理"复选框，如图4-54所示。

图 4-54

Step 11 在分配资源的过程中若出现资源过度分配的情况，可右击"♦"图标，在弹出的快捷菜单中选择"修复任务检查器"选项，如图4-55所示。

Step 12 在打开的"检查器"窗格中单击"重排任务"按钮，自动重排任务时间，如图4-56所示。

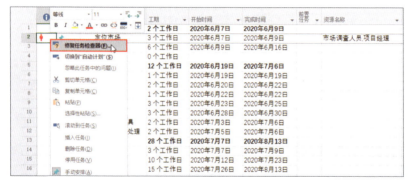

图 4-55

图 4-56

Step 13 参照上述方法为其他任务分配资源。所有资源分配完成后，选择第9、10、11、16行，打开"资源"选项卡，在"工作分配"组中单击"分配资源"按钮，如图4-57所示。

图 4-57

Step 14 弹出"分配资源"对话框，设置指定资源的单位，单击"分配"按钮，如图4-58所示。

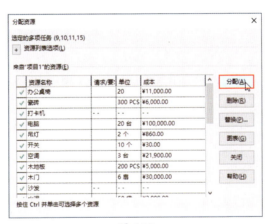

图 4-58

Step 15 至此完成新公司项目的创建及资源分配，最终效果如图4-59所示。

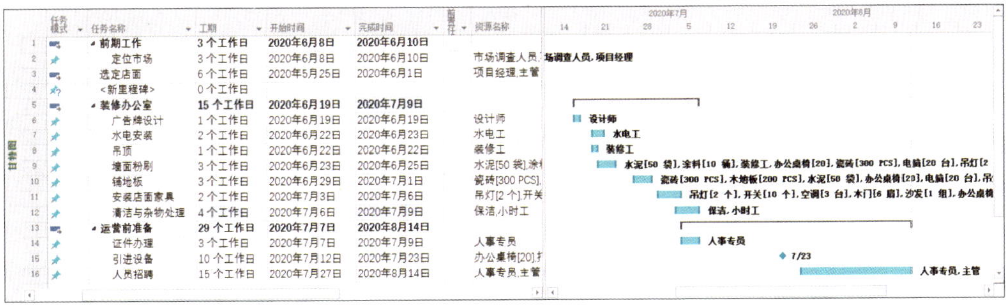

图 4-59

新手答疑

1. Q：如何批量修改资源类型？

A： 可以在"多重资源信息"对话框中设置。具体操作方法如下：

在"资源工作表"视图中同时选择多个资源类型，打开"资源"选项卡，在"属性"组中单击"信息"按钮，如图4-60所示。弹出"多重资源信息"对话框，在"常规"界面中单击"类型"下拉按钮，在弹出的列表中选择需要的类型即可，如图4-61所示。

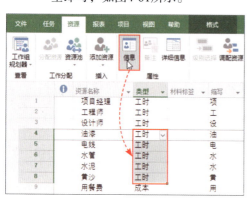

图 4-60

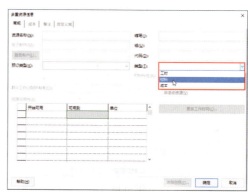

图 4-61

2. Q：资源"最大单位"和分配资源"单位"有何区别？

A： 在创建资源时，指定的资源最大单位是在整个项目中可调配该资源的可用值，而将资源分配给任务时，单位指定了将资源分配给某个任务的值。例如，创建资源时指定的"小工"最大单位为"500%"，那么在分配资源时，可为某个任务分配小于或等于500%单位的小工。指定的"水泥"单位为"袋"，则为任务分配资源时，可按需为任务分配所需袋数的水泥。

3. Q：如何添加或删除资源？

A： 在"资源工作表"视图中右击某个资源，在弹出的快捷菜单中通过"插入资源"和"删除资源"选项，可在所选资源的上方添加新的资源或删除所选资源，如图4-62所示。

图 4-62

第5章
项目成本的管理

项目在具体的实施过程中，会产生各种各样的费用，这些费用统称为项目成本。在Project中的项目计划中，项目成本由每个任务的成本汇集而成，而每个任务的成本又由资源成本和固定成本组合而成。由此可以推断，合理的资源和固定成本是控制整个项目成本的必要条件。

5.1 项目成本管理概述

项目成本管理，即项目经理将项目的成本费用控制在预期内所做的一系列的规划调整等管理工作。接下来对项目成本的构成、成本管理过程以及成本的控制方法进行介绍。

5.1.1 项目成本的类别

在项目管理中，成本是项目管理的三大目标之一，和项目的任务、资源一样都是组成项目的要素。在Project中成本被分为两个类别，一类是资源成本，另一类是固定成本，两者相加便是项目的总成本。那么项目的固定成本和项目的资源成本应该如何理解呢？下面进行详细介绍。

1. 项目的固定成本

项目的固定成本是无论项目任务工期或者资源完成的工时是多少，始终保持为常量的一组任务成本。例如项目经理的管理费用，无论项目完成与否，都必须付给项目经理，此成本是固定不变的，不受任务工期和资源多少的影响。

2. 项目的资源成本

项目的资源成本是使用资源所带来的项目成本。资源成本的多少可以由Project计算出来，支付比率可以是单位时间的人工费用，也可以是使用材料的单位价格。当指定了多个资源来完成某一项任务时，则该任务的资源成本就是这些单个费用累加后的和。所以项目成本的计算主要是对资源成本的计算，这也是对成本管理人员的考验，资源成本是一种可变成本。

资源成本包括工时类资源、材料类资源和成本类资源（在Project 2007的早些版本中，没有成本类资源成本）。

5.1.2 项目成本的结构

在Project任务编辑文本区中，任务都是由各个阶段的摘要任务和其子任务组成，所以对于成本来说，项目的总成本是由全部摘要任务成本和项目固定成本汇集而成的。而各摘要任务的成本又是由其子任务的成本之和与该摘要任务本身的固定成本组成，也就是说，无论是摘要任务，还是摘要任务的子任务，其各自的固定成本只属于自己，而不是子任务的固定成本累加后变成摘要任务的固定成本，固定成本没有累加计算的说法。而资源成本不同，摘要任务的可变成本（资源成本）是由其所有子任务的资源成本累加而成的。项目成本的结构如图5-1所示。

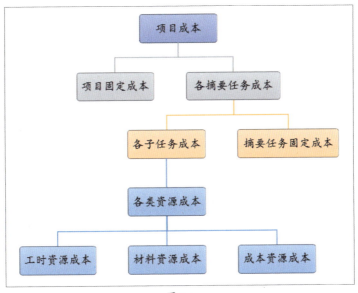

图 5-1

工时资源成本与材料资源成本，主要包括标准费率、加班费率、每次使用成本与成本累算。

在第4章中已经讲解了标准费率、加班费及每次使用成本的设置方法，这里主要讲解资源成本的分类方式。

1. 工时资源成本

工时资源由资源费率、资源时间与资源数量组成，其资源的正常工时与加班工时方面的成本被称为资源的可变成本，而与资源单位数量有关的每次使用成本被称为资源的固定成本。

2. 材料资源成本

材料资源成本由可变成本与固定成本组合而成，其资源的材料费用与材料用量被称为可变成本，而材料的每次使用成本被为固定成本。材料的固定成本与材料的使用量无关，该特点区别于工时资源的固定成本。

另外，在Project中还涉及实际成本、剩余成本等概念。总成本、固定成本、资源成本、实际成本和剩余成本的关系如下：

项目总成本=固定成本+资源成本+实际成本+剩余成本

（1）固定成本。

固定成本是无论任务工期或资源完成的工时是多少，始终保持为常量的一组任务成本。

（2）资源成本。

资源成本不是资源类型的"成本资源"，而是指使用资源所要的总花费。

（3）实际成本。

实际成本表示任务、资源或工作分配到目前为止实际发生的成本，即当前已经花费的金钱。

（4）剩余成本。

任务、资源或工作分配将要发生的估计成本减去实际成本，得到的成本就是剩余成本。

5.1.3 成本管理过程

管理项目成本是为了确保项目能够在计划的预算内完成，项目成本的管理过程包括资源规划、成本估算、成本预算以及成本控制四部分。下面详细介绍每个过程的具体作用。

1. 资源规划

资源规划是根据项目范围规划与工作分解结构来确定项目所需资源的种类、数量、规格及时间的过程，其内容主要包括招聘实施组织人员、项目实施所需要的材料与设备、采购方法与计划等。

2. 成本估算

成本估算是估算完成项目所需要的经费，需要输入的数据有工作分解结构、资源要求、资源耗用率、商业数据、历史数据等，其评估计算主要包括类比估算、参数模型、自上而下估算法。另外，在进行成本估算时，需要考虑经济环境的影响及项目所需要的资源与成本支出情况。

3. 成本预算

成本预算又称为成本规划，是将估算的成本分配到各个任务中。在进行成本预算时，应该以各任务的成本估算与进度计划为依据，采用便于控制项目的方法。另外，基准成本计划是测定与衡量成本执行情况的依据。

4. 成本控制

成本控制是在保证各项工作在各自的预算范围内进行的一种方法，其中成本预算是成本控制的基础。

成本控制的基础方法是在项目实施过程中，优先规定各部门定期上报各自的费用情况，然后由控制部门对各部门的费用进行审核，以保证各种支出的合法性，最后将已经发生的费用与预算进行比较，分析费用的超支情况并根据超支情况采取相应的措施加以弥补。在项目结束时，还需要经过财务决算、审查与分析来确定项目成本目标的达标程度，以决定成本管理系统的成效。

成本控制的内容包括监控成本情况与计划的偏差，做好成本分析和评估并对偏差做出响应，确保所有费用的发生都被记录到成本线上，防止不正确的、不合适的或无效的变更反映到成本线上，此外还需要将审核的变更通知项目干系人，最后还需要监控影响成本的内外部因素。

以上四个过程相互影响、相互作用，有时也与外界的过程发生交互影响。项目成本的管理过程如图5-2所示。

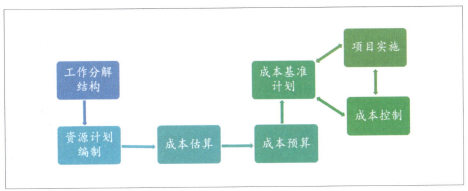

图 5-2

5.1.4 成本的控制方法

项目管理的控制方法包括基于预算的目标成本控制方法、基于标杆的目标成本控制方法、基于市场需求的目标成本控制方法、基于价值分析的成本控制方法以及基于经验的成本管理方法五种。下面对这五种方法进行详细介绍。

1. 基于预算的目标成本控制方法

这种方法非常好用，虽然总有一些事情是在计划外的，但是不能否定预算管理的有效。预算成本一旦执行，并不是一成不变的，必要时可以做适当调整，但有预算管理一定会比没有预算管理好。

2. 基于标杆的目标成本控制方法

所谓标杆，就是在某些方面做得比较好，基于标杆的目标成本控制，则是将标杆当作楷模，要求自己达到甚至超过那样的效果。

3. 基于市场需求的目标成本控制方法

基于市场需求的目标控制方法（有时也称为"基于决策层意志的成本控制法"）在使用过程中是根据市场需求设定的，而且决策者的意志起主导作用。

4. 基于价值分析的成本控制方法

这种方法在大型企业是经常化和制度化的，且有专门的工作人员（通常是工程师）以此为工作职责。但是这种方法在小型公司往往做得不够专业。

5. 基于经验的成本管理方法

这种方法是最普遍最基础的，在一定的条件下也是一种效果很好的成本控制法。大多数企业一开始都是使用这种成本管理，而其他成本控制方法的基础都是由此构成的。

5.2 项目成本的设置

项目成本按照项目元素可划分为资源成本与固定成本两大类，但按照成本类型来划分则可分为固定成本、实际成本和预算成本。接下来重点介绍固定成本、预算成本、实际成本以及成本累积的设置方法。

5.2.1 任务固定成本的设置

扫码看视频

固定成本是一种与任务工时、工期变化无关的项目费用，也就是所有非资源任务开销的成本，另外，项目中的某种管理费也可以作为固定成本。下面介绍如何设置固定成本。

在“甘特图”视图模式中打开“视图”选项卡，在“数据”组中单击“表格”下拉按钮，从弹出的列表中选择“成本”选项，如图5-3所示。

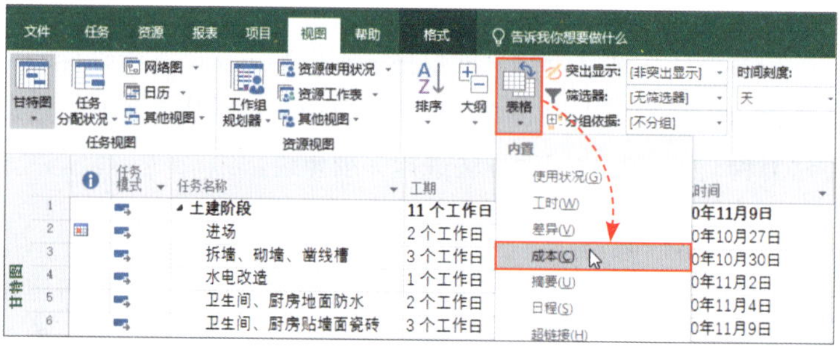

图 5-3

工作表视图区中随即切换为“成本”表。在任务名称对应的“固定成本”域中输入固定成本即可，Project会自动显示任务的总成本、差异成本以及剩余成本，如图5-4所示。

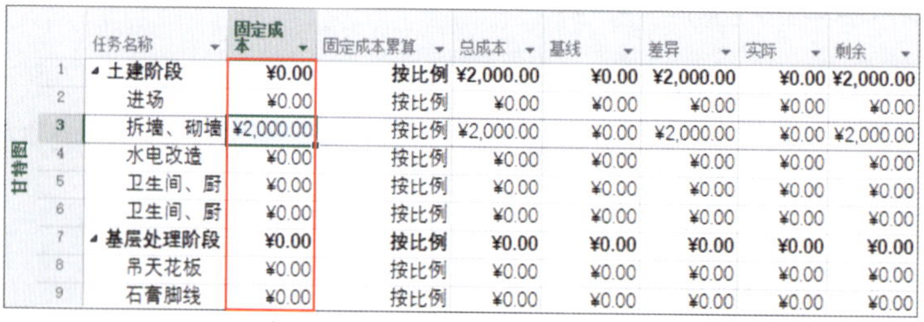

	任务名称	固定成本	固定成本累算	总成本	基线	差异	实际	剩余
1	土建阶段	¥0.00	按比例	¥2,000.00	¥0.00	¥2,000.00	¥0.00	¥2,000.00
2	进场	¥0.00	按比例	¥0.00	¥0.00	¥0.00	¥0.00	¥0.00
3	拆墙、砌墙	¥2,000.00	按比例	¥2,000.00	¥0.00	¥2,000.00	¥0.00	¥2,000.00
4	水电改造	¥0.00	按比例	¥0.00	¥0.00	¥0.00	¥0.00	¥0.00
5	卫生间、厨	¥0.00	按比例	¥0.00	¥0.00	¥0.00	¥0.00	¥0.00
6	卫生间、厨	¥0.00	按比例	¥0.00	¥0.00	¥0.00	¥0.00	¥0.00
7	基层处理阶段	¥0.00	按比例	¥0.00	¥0.00	¥0.00	¥0.00	¥0.00
8	吊天花板	¥0.00	按比例	¥0.00	¥0.00	¥0.00	¥0.00	¥0.00
9	石膏脚线	¥0.00	按比例	¥0.00	¥0.00	¥0.00	¥0.00	¥0.00

图 5-4

在"成本"表中主要包含七种成本域，其具体作用如下：

- **固定成本**：用于显示所有非资源任务的费用。在一定的成本预算中，不会因某些原因改变成本的费用。
- **固定成本累算**：对成本进行累加计算，包括从开始累算、结束累算、按比例累算三种方式。
- **总成本**：从项目开始的研发，中间的生产、使用，到最后的结束淘汰等一系列的费用成本。
- **基线**：用于显示某一任务、所有已分配任务的某一资源或任务上某一资源已完成的工时的总计划成本，该值与保存比较基准时的"成本"域的内容相同。
- **差异**：用于显示任务、资源或工作分配的比较基准成本和总成本直接的差异值。其表达式为：成本差异=成本-基线成本。
- **实际**：用于显示资源在其任务上已完成的工时相对应的成本，以及记录的与该任务有关的任务的其他成本。
- **剩余**：用于显示剩余的日常安排费用，此费用将在完成剩余工时时产生。其表达式为：剩余成本=（剩余工时×标准费率）+剩余加班成本。

注意事项 摘要任务也可以设置固定成本。需要注意的是，摘要任务的固定成本不等于所有子任务固定成本的总和，如图5-5所示。而摘要任务的总成本值等于摘要任务的固定成本与子任务固定成本的总和，如图5-6所示。

图 5-5

图 5-6

5.2.2 任务实际成本的计算

实际成本是取得或制造某项财产物资时实际支付的现金或其他等价物。在项目任务执行过程中，Project用基于任务的成本累算方式来更新实际成本。

1. 实际成本的计算方式

实际成本的类型可分为任务类与资源类两类。不同类型的实际成本，其计算方法也略有不同。

任务类实际成本=（实际工时×标准费率）+（实际加班工时×加班费率）+资源每次使用成本+任务固定成本

资源类实际成本=（实际工时×标准费率）+（实际加班工时×加班费率）+每次使用成本

2. 自动计算实际成本值

Project可以根据任务的完成百分比值与实际完成百分比值自动计算实际成本，下面介绍如何更改实际成本值。

在"甘特图"视图中打开"视图"选项卡，在"数据"组中单击"表格"下拉按钮，在弹出的列表中选择"跟踪"选项，如图5-7所示。

图 5-7

手动修改指定子任务的"完成百分比"值，其"实际成本值"域中会显示自动计算结果，摘要任务自动显示完成百分比值，如图5-8所示。

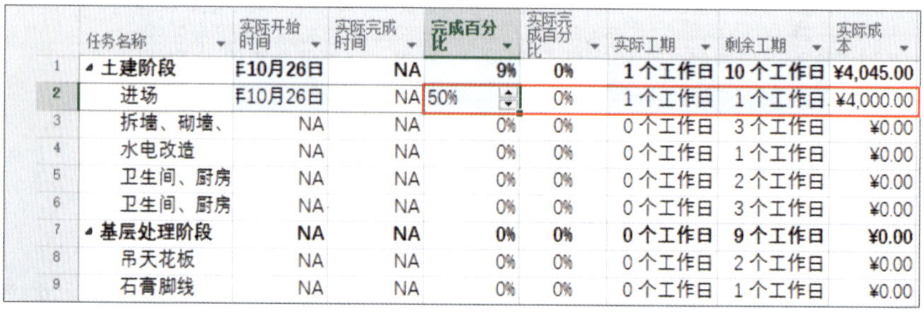

图 5-8

5.2.3 任务预算成本的设置

预算成本只能在"任务分配状况"与"资源使用状况"视图中设置，而且项目的预算成本与预算资源一样，只能分配给项目的摘要任务。

1. 创建预算成本资源

将项目文档切换到"资源工作表"视图，输入一个新资源，打开"资源"选项卡，在"属性"组中单击"信息"按钮，如图5-9所示。

图 5-9

系统随即弹出资源信息对话框。在"常规"界面中设置"类型"为"成本"并勾选"预算"复选框，如图5-10所示，即可将所选资源设置为预算成本资源。

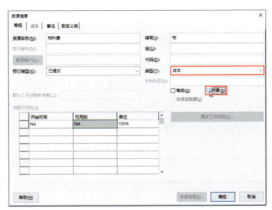

图 5-10

2. 分配预算成本资源

在"甘特图"视图中单击"文件"按钮，打开"文件"菜单，选择"选项"选项，如图5-11所示。打开"Project选项"对话框，打开"高级"界面，在"该项目的显示选项"组中勾选"显示项目摘要任务"复选框，最后单击"确定"按钮，如图5-12所示。

图 5-11

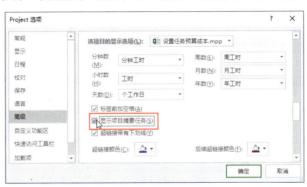

图 5-12

视图中随即显示摘要任务，选择摘要任务名称，打开"资源"选项卡，在"工作分配"组中单击"分配资源"按钮，如图5-13所示。打开"分配资源"对话框，选择资源，单击"分配"按钮，即可将成本分配给项目的摘要任务，如图5-14所示。

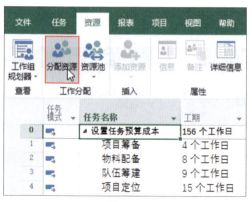

图 5-13

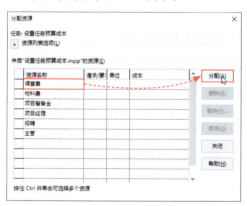

图 5-14

3. 设置预算成本值

在"甘特图"视图中打开"视图"选项卡，在"任务视图"组中单击"任务分配状况"按钮，如图5-15所示。

图 5-15

在"任务分配状况"视图中单击"添加新列"域标题，在弹出的列表中选择"预算成本"选项，如图5-16所示。

图 5-16

此时视图中被添加了一个"预算成本"域。在分配给摘要任务的资源对应的预算成本单元格中输入具体数值，确认输入后，摘要任务的运算成本值会自动显示，如图5-17所示。

图 5-17

5.2.4 成本累算方式的设置

固定成本的累算方式有三种，分别为"开始时间""按比例"以及"结束"，而默认的成本累算方式为"按比例"。在项目实施过程中为了准确计算项目成本，可以根据项目的实际情况设置项目成本的累计方式。

在"甘特图"视图中打开"视图"选项卡，单击"表格"下拉按钮，在弹出的列表中选择"成本"选项，如图5-18所示。切换到"成本"表，单击指定任务的固定成本累算的下拉按钮，在弹出的列表中可更改固定成本累算方式，如图5-19所示。

图 5-18

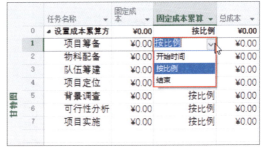

图 5-19

知识点拨

资源固定成本累算方式的更改方法与任务固定成本的累算方法相同，只是需要先将视图切换到"资源工作表"。

动手练 设置默认的固定成本累算方式

若要改变默认固定成本累算的方式，可在"Project选项"对话框中设置。具体操作步骤如下：

Step 01 在"甘特图"视图的"成本"表中单击"文件"按钮，如图5-20所示。

Step 02 在文件菜单中选择"选项"选项，如图5-21所示。

图 5-20

图 5-21

Step 03 弹出"Project选项"对话框,打开"日程"界面,在"计算"组中单击"默认固定成本累算"下拉按钮,在弹出的列表中选择"开始"选项,如图5-22所示。

Step 04 项目的固定成本累算方式修改完成后,在当前项目文档中添加新项目时,默认的固定成本累算方式变成了"开始时间",如图5-23所示。

图 5-22

图 5-23

5.3　项目成本的分析与调整

在资源分配的过程中,时常会出现资源过度分配或使用效率不足等情况,从而导致成本超过了预算的范围。为有效地控制成本,就必须对资源进行调整。

5.3.1　检查超出预算的成本

为了防止项目实施过程中成本被过度消耗,需要检查哪些成本超出了预期。检查方法很简单,下面对具体操作方法进行介绍。

首先将视图模式切换至"任务分配状况"视图,调整为"成本"表。随后打开"视图"选项卡,在"数据"组中单击"筛选器"下拉按钮,在弹出的列表中选择"其他筛选器"选项,如图5-24所示。

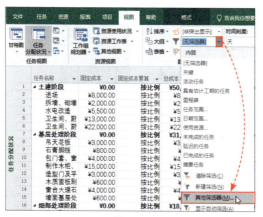

图 5-24

系统弹出"其他筛选器"对话框，选择"成本超过预算"选项，单击"应用"按钮，如图5-25所示，视图中即可筛选出成本超出预算的任务。

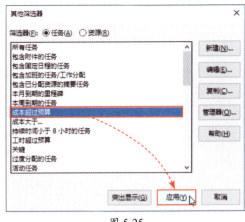

图 5-25

5.3.2 调整项目成本

调整项目成本包括调整工时资源成本和材料资源成本两部分，接下来分别介绍调整方法。

1. 调整工时资源成本

资源的成本受资源费率、工时以及资源数据直接影响。因此，用户若要保持资源费率不变，需要通过调整资源的工时来调整工时资源的成本。

在"甘特图"视图中打开"任务"选项卡，单击"甘特图"下拉按钮，在弹出的列表中选择"任务分配状况"选项，如图5-26所示。

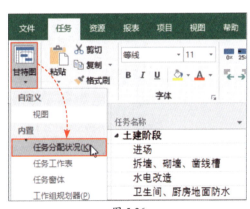

图 5-26

随后切换到"任务分配状况工具-格式"选项卡，在"分配"组中单击"信息"按钮，如图5-27所示。

图 5-27

弹出"工作分配信息"对话框，调整好工时，单击"确定"按钮，如图5-28所示。

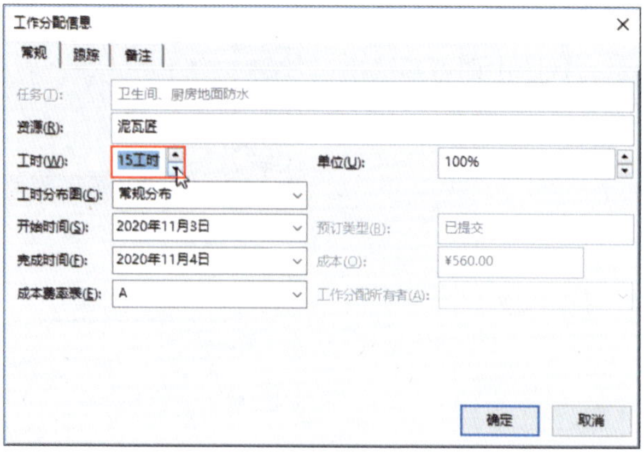

图 5-28

所选资源的左侧会出现智能标记，单击该图标，在展开的列表中选择相应的选项，即可增加资源的工作时间，从而达到调整工时资源成本的目的，如图5-29所示。

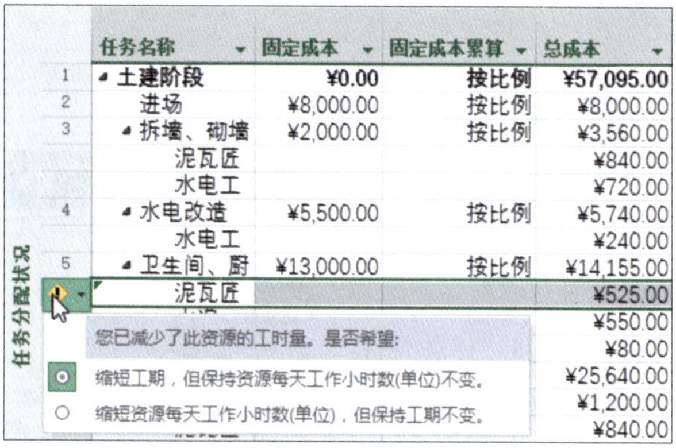

图 5-29

2. 调整材料资源成本

材料资源成本由材料的价格和用量来控制，由于材料的价格在项目实施之前就已经确定了，因此只能通过调整材料的用量来调整材料资源成本。

在"甘特图"视图中打开"资源"选项卡，在"工作分配"组中单击"分配资源"按钮，打开"分配资源"对话框，在该对话框中调整材料资源的数量，即可调整对应材料资源的成本，如图5-30所示。

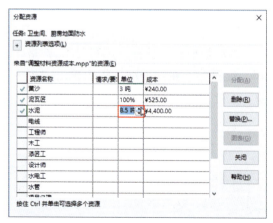

图 5-30

动手练 查看项目成本信息

在Project中使用"统计信息"对话框可以查看与监视项目的总成本，以此来防止成本超出预算，具体操作步骤如下：

Step 01 在"甘特图"视图中打开"项目"选项卡，在"属性"组中单击"项目信息"按钮，在弹出的对话框中单击"统计信息"按钮，如图5-31所示。

图 5-31

Step 02 在弹出的对话框中即可查看项目的当前成本、实际成本、剩余成本等成本情况，如图5-32所示。

图 5-32

> **知识点拨**
> 除了通过"统计信息"对话框查看项目成本信息外，用户也可通过"成本"表查看项目的总成本额。具体操作分为两步，第一步，在"甘特图"视图中打开"视图"选项卡，在"任务视图"组中单击"其他视图"下拉按钮，从弹出的列表中选择"任务工作表"选项。切换到"任务工作表"视图后执行第二步，打开"视图"选项卡，在"数据"组中单击"表格"下拉按钮，在弹出的列表中选择"成本"选项。

案例实战：设置道路施工项目成本

在“道路施工项目”实施过程中，项目经理需要合理安排整体费用并控制好成本资源的使用情况。为了避免出现最终成本大于预算成本的情况，还需要对项目成本进行管理。下面介绍“道路施工项目”成本的管理步骤。

Step 01 打开“道路施工项目”文档，切换到“视图”选项卡，在“数据”组中单击“表格”下拉按钮，在弹出的列表中选择“成本”选项，如图5-33所示。

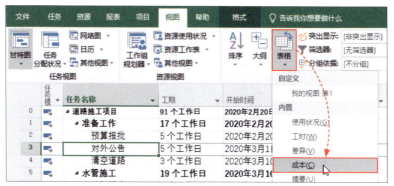

图 5-33

Step 02 在“成本”表中选中“挖掘槽沟”任务的“固定成本”单元格，输入固定成本值为“50000”，输入完成后按Enter键，该任务的总成本、差异成本、剩余成本等自动进行汇总计算，如图5-34所示。

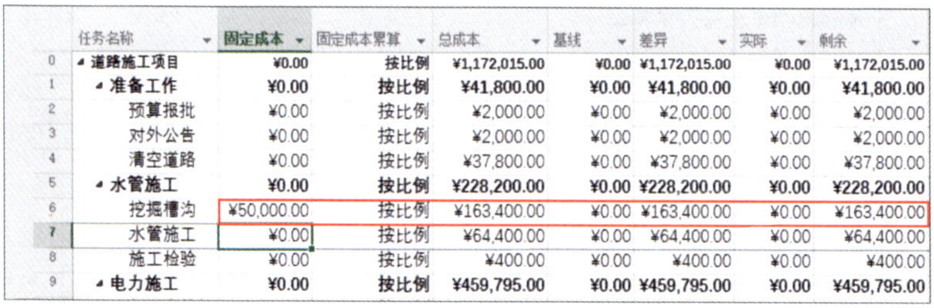

	任务名称	固定成本	固定成本累算	总成本	基线	差异	实际	剩余
0	道路施工项目	¥0.00	按比例	¥1,172,015.00	¥0.00	¥1,172,015.00	¥0.00	¥1,172,015.00
1	准备工作	¥0.00	按比例	¥41,800.00	¥0.00	¥41,800.00	¥0.00	¥41,800.00
2	预算报批	¥0.00	按比例	¥2,000.00	¥0.00	¥2,000.00	¥0.00	¥2,000.00
3	对外公告	¥0.00	按比例	¥2,000.00	¥0.00	¥2,000.00	¥0.00	¥2,000.00
4	清空道路	¥0.00	按比例	¥37,800.00	¥0.00	¥37,800.00	¥0.00	¥37,800.00
5	水管施工	¥0.00	按比例	¥228,200.00	¥0.00	¥228,200.00	¥0.00	¥228,200.00
6	挖掘槽沟	¥50,000.00	按比例	¥163,400.00	¥0.00	¥163,400.00	¥0.00	¥163,400.00
7	水管施工	¥0.00	按比例	¥64,400.00	¥0.00	¥64,400.00	¥0.00	¥64,400.00
8	施工检验	¥0.00	按比例	¥400.00	¥0.00	¥400.00	¥0.00	¥400.00
9	电力施工	¥0.00	按比例	¥459,795.00	¥0.00	¥459,795.00	¥0.00	¥459,795.00

图 5-34

Step 03 在“视图”选项卡的“数据”组中单击“表格”下拉按钮，在弹出的列表中选择“跟踪”选项，如图5-35所示。

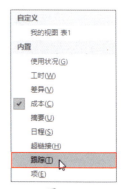

图 5-35

Step 04 在“跟踪”表中设置“清空道路”任务的“完成百分比”值为“100%”，摘要任务的完成百分比值自动重新计算，如图5-36所示。

	任务名称	实际开始时间	实际完成时间	完成百分比	实际完成百分比
0	◢ 道路施工项目	2020年2月20日	NA	19%	0%
1	◢ 准备工作	2020年2月20日	2020年3月13日	100%	0%
2	预算报批	2020年2月20日	2020年2月27日	100%	0%
3	对外公告	2020年3月1日	2020年3月6日	100%	0%
4	清空道路	2020年3月10日	2020年3月13日	100%	0%
5	◢ 水管施工	NA	NA	0%	0%
6	挖掘槽沟	NA	NA	0%	0%
7	水管施工	NA	NA	0%	0%
8	施工检验	NA	NA	0%	0%
9	◢ 电力施工	NA	NA	0%	0%
10	架设电线杆	NA	NA	0%	0%
11	铺设电缆	NA	NA	0%	0%

图 5-36

Step 05 参照Step 01切换回“成本”表。选中“清空道路”任务的“固定成本累算”单元格，单击右侧的下拉按钮，在弹出的列表中修改其固定成本累算方式为“结束”，如图5-37所示。

	任务名称	固定成本	固定成本累算	总成本	基线	差异
0	◢ 道路施工项目	¥0.00	按比例	¥1,202,015.00	¥0.00	¥1,202,015.00
1	◢ 准备工作	¥0.00	按比例	¥41,800.00	¥0.00	¥41,800.00
2	预算报批	¥0.00	按比例	¥2,000.00	¥0.00	¥2,000.00
3	对外公告	¥0.00	按比例	¥2,000.00	¥0.00	¥2,000.00
4	清空道路	¥0.00	按比例	¥37,800.00	¥0.00	¥37,800.00
5	◢ 水管施工	¥0.00	开始时间	¥228,200.00	¥0.00	¥228,200.00
6	挖掘槽沟	¥50,000.00	按比例	¥163,400.00	¥0.00	¥163,400.00
7	水管施工	¥0.00	结束	¥64,400.00	¥0.00	¥64,400.00
8	施工检验	¥0.00	按比例	¥400.00	¥0.00	¥400.00

图 5-37

Step 06 选中所有任务，打开“甘特图工具-格式”选项卡，在“条形图样式”组中单击“格式”下拉按钮，在弹出的列表中选择“条形图”选项，如图5-38所示。

Step 07 弹出“设置条形图格式”对话框。切换到“条形图文本”界面，单击“左侧”下拉按钮，在弹出的列表中选择“成本”选项，最后单击“确定”按钮，如图5-39所示。

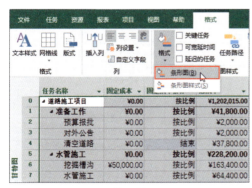

图 5-38

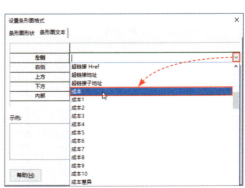

图 5-39

Step 08 甘特图的条形图左侧随即显示出任务的成本值，如图5-40所示。

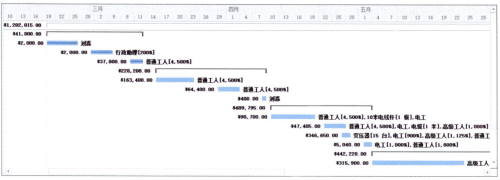

图 5-40

Step 09 打开“视图”选项卡，在“资源视图”组中单击“资源工作表”按钮，如图5-41所示。

图 5-41

Step 10 在“资源工作表”中设置资源的标准费率，如图5-42所示。

资源名称	类型	材料标签	缩写	最大单位	标准费率
刘淼	工时		刘	100%	¥50.00/工时
行政助理	工时		行	200%	¥25.00/工时
普通工人	工时		普	5,000%	¥35.00/工时
高级工人	工时		高	0%	¥40.00/工时
电工	工时		电	1,000%	¥0.00/工时
水泥	材料	吨	水		¥260.00
电缆	材料	米	电		¥5.00
沙子	材料	方	沙		¥150.00
变压器	材料	台	变		¥20,000.00
10米电线杆	材料	根	1		¥2,500.00
管道	材料	米	管		¥30.00
绿化树	材料	棵	绿		¥150.00
路灯	材料	台	路		¥800.00

图 5-42

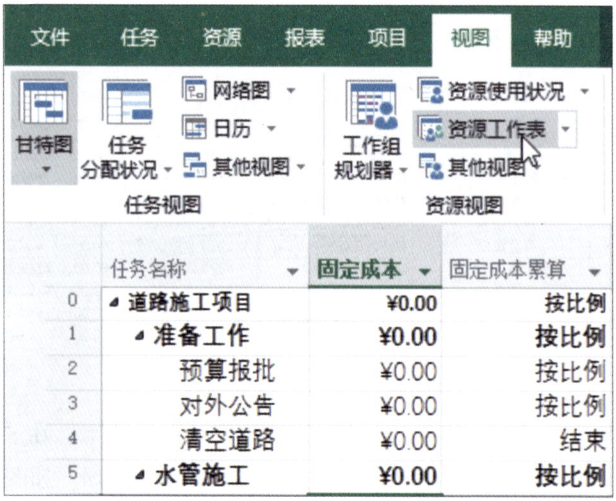

注意事项 若"资源工作表"中没有显示"标准费率"域，用户需要在"视图"选项卡中单击"表格"下拉按钮，在弹出的列表中检查当前选择的项目是否为"项"，如果不是，只要将其选中即可，如图5-43所示。

图 5-43

Step 11 保持当前的视图模式为"甘特图"视图"项"表。选择"绿化种植"任务名称，打开"资源"选项卡，在"工作分配"组中单击"分配资源"按钮，如图5-44所示。

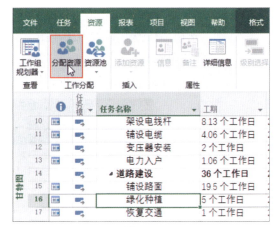

图 5-44

Step 12 弹出"分配资源"对话框，修改"绿化树"的单位为"350棵"，单击"关闭"按钮，如图5-45所示。至此完成"道路施工项目"成本的设置。

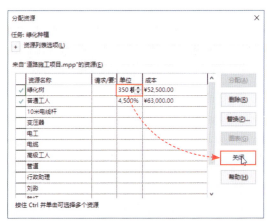

图 5-45

新手答疑

1. Q：设置固定成本以及整体项目的累算方式分别是在什么表中设置的？

A： 都是在"甘特图"视图的"成本"表中设置的。

2. Q：如何查看资源成本信息？

A： 用户可以通过"资源工作表"视图、"资源使用情况"视图等资源类视图查看及分析资源成本信息。

（1）在"资源工作表"视图中查看。

在"资源工作表"视图中，打开"视图"选项卡，在"数据"组中单击"表格"下拉按钮，在弹出的列表中选择"成本"选项。

（2）在"资源使用情况"视图中查看。

先在"任务"选项卡中单击"甘特图"下拉按钮，在弹出的列表中选择"资源使用状况"选项。打开"资源使用状况工具-格式"选项卡，在"详细信息"组中勾选"成本"复选框，如图5-46所示。

图 5-46

（3）在"资源图表"视图中查看。

打开"任务"选项卡，单击"甘特图"下拉按钮，在弹出的列表中选择"资源图表"选项，切换到"资源图表"视图。随后打开"资源图表工具-格式"选项卡，在"数据"组中单击"图表"下拉按钮，在弹出的列表中选择"成本"选项，如图5-47所示，即可通过图表查看资源的成本数据和图形。若选择"累计成本"选项，则可在图表中显示资源的类型成本数据及图形。

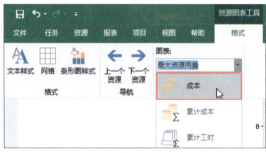

图 5-47

第6章
项目报表的使用

在Project中除了使用不同的视图模式及表分析项目的成本和资源外,还可以使用可视报表的功能,以图表、数据透视表及组织图的方式分析项目信息。本章内容将对项目报表的管理方法进行详细介绍。

6.1 项目报表介绍

在利用项目报表分析与管理项目数据之前,用户还需要对项目报表的含义及基础表格类型加以了解。

6.1.1 了解预定义报表

预定义报表以表格的形式将项目中的数据以汇总性、详细性以及组织性的方式进行展示。Project为用户提供了20多种预定义报表,包括仪表板、资源、成本等。

这些报表可分为四类,下面对这四类报表分别进行介绍。

1. 总览类报表

总览类报表主要用于显示项目的整体情况,包括进度、成本概述、项目概述、即将开始的任务和公式概述五种报表。

2. 资源类报表

资源类报表主要用于显示项目中当前任务的资源使用情况,包括资源概述和过度分配的资源两种报表。

3. 成本类报表

成本类报表主要用于显示项目的成本使用情况,包括现金流量、成本超支、挣值报告、资源成本概述和任务成本概述五种报表。

4. 进行中的报表

进行中的报表又称为进度报告,用于显示项目任务的具体实施情况,主要包括关键任务、延迟的任务、里程碑报表以及进度落后的任务四种报表。

6.1.2 了解可视报表

可视报表是将项目以图表、数据透视表与组织图的方式进行展示的报表,是一种具有灵活性的报表,Project共包含六种类型的可视报表。

- 任务分配状况可视报表。
- 资源使用状况可视报表。
- 工作分配使用状况可视报表。
- 任务摘要可视报表。
- 资源摘要可视报表。
- 工作分配摘要可视报表。

6.2 新建项目报表

创建项目报表可将项目数据以预定义报表的形式输出，或将项目数据生成Excel图表、数据透视表或Visio图表，以便进行处理与分析。

6.2.1 创建预定义报表

下面介绍如何创建预定义报表。在"甘特图"视图中打开"报表"选项卡，在"查看报表"组中单击"成本"下拉按钮，在弹出的列表中选择"挣值报告"选项，如图6-1所示。

图 6-1

文档切换到"挣值报告"视图，视图中显示成本类型中的"挣值报告"预定义报表，如图6-2所示。

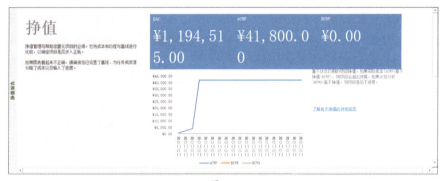

图 6-2

注意事项 创建报表后，若切换到其他视图模式，则报表自动消失。

6.2.2 创建可视报表

可视报表可直观地反映项目数据之间的差异性与变化性，主要以图形或图表的样式显示。

打开"报表"选项卡，在"导出"组中单击"可视报表"按钮，如图6-3所示。

图 6-3

弹出"可视报表-创建报表"对话框，切换到"资源使用状况"界面，在该界面中勾选需要使用哪种程序创建报表模板，选择一种报表类型，单击"查看"按钮，如图6-4所示，即可在所选程序中打开可视报表。

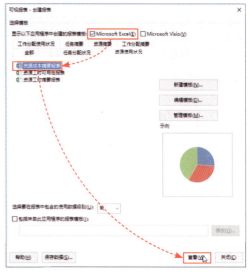

图 6-4

6.2.3 自定义可视报表

Project提供的自定义报表功能可帮助用户实现多方位分析项目数据的要求，可以编辑或新建符合分析需求的预定义报表和可视报表。下面介绍如何自定义可视报表。

打开"报表"选项卡，在"导出"组中单击"可视报表"按钮，弹出"可视报表-创建报表"对话框，在"全部"界面中选择一个报表模板，单击"编辑模板"按钮，如图6-5所示。此时会打开"可视报表-域选取器"对话框，添加需要在报表中显示的域，添加完成后单击"编辑模板"按钮即可，如图6-6所示。

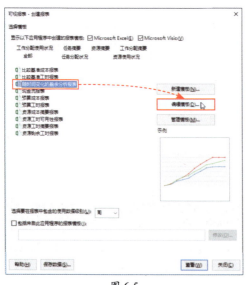

图 6-5

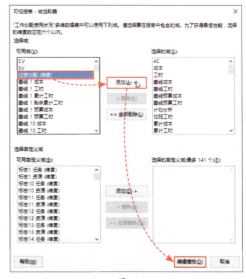

图 6-6

6.2.4 自定义预定义报表

当预定义报表不能满足用户的分析需求时，可自定义预定义报表。自定义报表的类型包括四种，分别为空白、图表、表格以及比较。下面分别介绍这四种自定义报表的设置方法。

1. 自定义空白报表

自定义空白报表即创建一个空白画布，用户可根据需要在画布中插入表格或图表。

打开"报表"选项卡，在"查看报表"组中单击"新建报表"下拉按钮，在弹出的列表中选择"空白"选项，如图6-7所示。系统弹出"报表名称"对话框，设置名称，单击"确定"按钮，如图6-8所示。系统自动生成一个只包含标题的空白报表，打开"报表工具-设计"选项卡，在"插入"组中单击"表格"按钮，如图6-9所示。

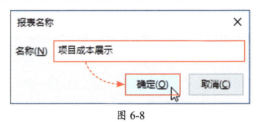

图 6-8

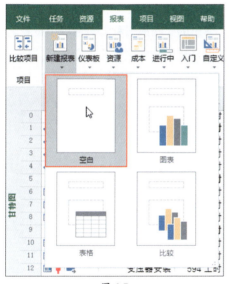

图 6-7

图 6-9

此时系统会显示一个表格，默认情况下表格中只显示项目摘要。选中表格后窗口右侧会显示"字段列表"窗格，在该窗格中的"任务"界面内设置大纲级别为"所有子任务"，表格中即可显示项目中的所有子任务，如图6-10所示。

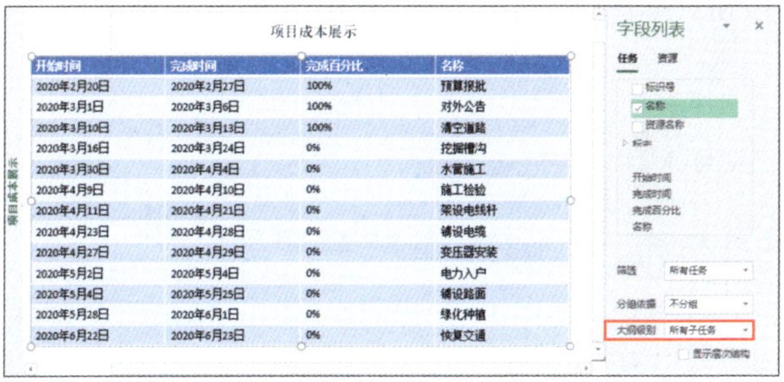

图 6-10

切换到"资源"界面，根据需要勾选域复选框，表格中随即显示相应字段，如图6-11所示。

图 6-11

2. 自定义图表报表

打开"报表"选项卡，在"查看报表"组中单击"新建报表"下拉按钮，在弹出的列表中选择"图表"选项，如图6-12所示。在随后弹出的"报表名称"对话框中设置名称，文档中随即显示图表，在右侧的"字段列表"窗格中勾选或取消勾选指定复选框，可向图表中添加或删除相应字段，如图6-13所示。

图 6-12

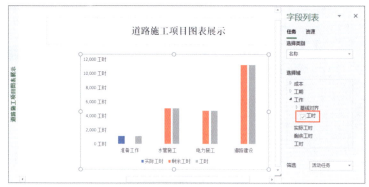

图 6-13

3. 自定义表格报表

在"报表"选项卡中的"查看报表"组中单击"新建报表"下拉按钮，在弹出的列表中选择"表格"选项，如图6-14所示。在弹出的"报表名称"对话框中设置报表名称，单击"确定"按钮，如图6-15所示，即可创建自定义报表。

图 6-14

图 6-15

4. 自定义比较报表

自定义比较报表的方法和另外三种预定义报表的创建方法相同，在"报表"选项卡中单击"新建报表"下拉按钮，在弹出的列表中选择"比较"选项，在弹出的对话框中设置名称，创建比较报表。最后通过"字段列表"窗格向图表中添加或删除字段即可，如图6-16所示。

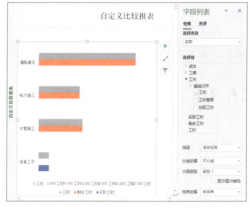

图 6-16

动手练 将报表数据保存到Access数据库

项目文档中的数据可直接导出，进行进一步分析或在其他环境中使用。下面介绍具体操作步骤：

Step 01 打开"报表"选项卡，在"导出"组中单击"可视报表"按钮，如图6-17所示。

图 6-17

Step 02 弹出"可视报表-创建报表"对话框，单击"保存数据"按钮。打开"可视报表-保存报表数据"对话框，选择需要保存的数据类型，单击"保存数据库"按钮，如图6-18所示。

图 6-18

Step 03 弹出"另存为"对话框，选择文件的保存位置，单击"确定"按钮即可完成保存操作。

6.3 报表的打印

为了更准确、详细地分析项目数据，可对生成的预定义报表或可视报表进行打印输出。下面对报表的打印技巧进行详细介绍。

6.3.1 打印预定义报表

用户可根据需要选择性地打印报表内容。首先进入到"文件"菜单中的"打印"界面，在打印预览区域可查看打印效果，如图6-19所示。

预览区右下角包含三个按钮，分别为"实际尺寸""单页"以及"多页"，通过在这些按钮间进行选择，可控制预览区的显示效果。

在"打印"界面的左侧包含了设置打印参数，例如设置打印份数、设置打印范围、设置纸张方向、设置纸张大小等。

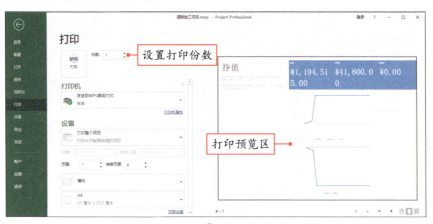

图 6-19

在"打印"界面中单击"页面设置"按钮，可打开"页面设置"对话框，在该对话框中还可对页面、页边距、页眉页脚等打印效果进行更详细的设置，如图6-20所示。

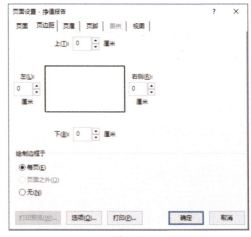

图 6-20

6.3.2 分类打印可视报表

项目文档能够生成的可视报表类型包括Excel类型的可视报表以及Visio类型的可视报表。这两种报表的打印方法都与预定义报表的打印方法类似，下面以打印Excel类型的可视报表为例进行介绍。

Excel类型的可视报表是利用Excel程序显示的数据透视图表在Excel文件中进行打印。

在"文件"菜单中打开"打印"界面，通过左侧的选项可设置打印份数、打印范围、缩放打印、打印方向、纸张大小以及页边距等效果，如图6-21所示。另外，单击"页面设置"按钮可打开"页面设置"对话框，对打印效果进行更详细的设置。

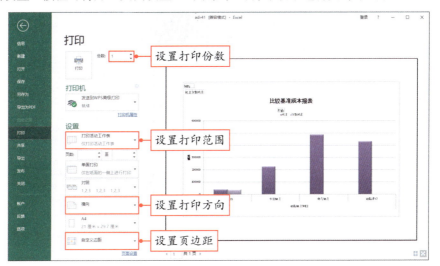

图 6-21

动手练 显示打印日期和页码

在打印时显示打印的时间及文件的页码是十分常见的操作，下面介绍具体操作步骤。

Step 01 单击"文件"按钮打开"文件"菜单，如图6-22所示。

扫码看视频

图 6-22

Step 02 打开"打印"界面，单击"页面设置"按钮，如图6-23所示。

图 6-23

Step 03 弹出"页面设置"对话框，打开"页脚"界面。保持"常规"中的选项为"页码"，单击"添加"按钮，将页码添加到页脚的居中位置，如图6-24所示。

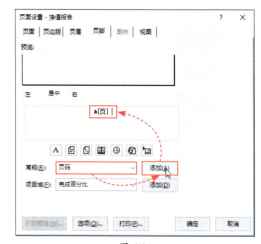

图 6-24

Step 04 在"页脚"界面中单击"右"选项，随后单击"日期"按钮，再单击"时间"按钮，将日期和时间添加到页脚的右侧，最后单击"确定"按钮关闭对话框即可，如图6-25所示。

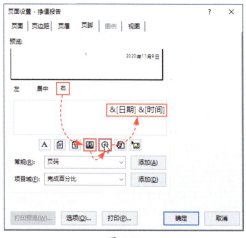

图 6-25

案例实战：创建收购评估项目报表

在项目实施过程中为了保证项目的顺利进行，及时交流、分析与审核项目信息，可以将项目信息生成报表或可视报表并进行打印。

Step 01 打开"报表"选项卡，在"查看报表"组中单击"仪表盘"下拉按钮，在弹出的列表中选择"进度"选项，如图6-26所示。

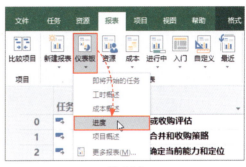

图 6-26

Step 02 随即显示"工时进度"及"任务进度"图表，如图6-27所示。

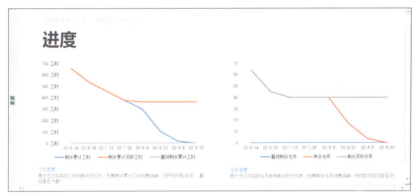

图 6-27

Step 03 选择"工时进度"图表，打开"图表工具–设计"选项卡，单击"更改颜色"下拉按钮，在弹出的列表中选择"彩色调色板4"选项，修改图表系列的颜色。随后在"图表样式"组中选择"样式11"，如图6-28所示。

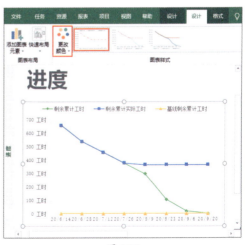

图 6-28

Step 04 打开"图表工具–格式"选项卡，在"形状样式"组中选择"细微效果-蓝色，强调色1"选项，如图6-29所示。随后参照Step 03和Step 04设置"任务进度"图表的样式。

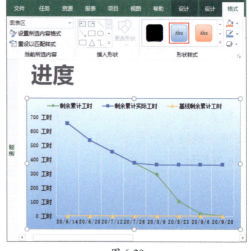

图 6-29

Step 05 打开"报表"选项卡，在"导出"组中单击"可视报表"按钮，如图6-30所示。

图 6-30

Step 06 弹出"课时报表-创建报表"对话框，打开"任务分配状况"界面，选择"现金流报表"选项，单击"查看"按钮，如图6-31所示。

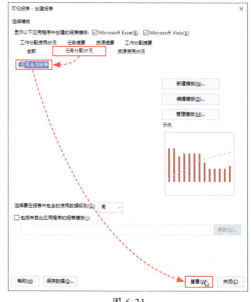

图 6-31

Step 07 此时生成的报表自动在Excel及Visio程序中打开，其中Excel文件中包含两张工作表，分别显示图表和任务分配状况数据透视表，如图6-32所示。

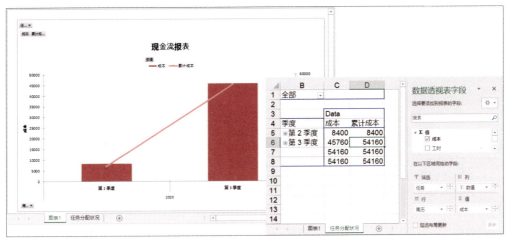

图 6-32

Step 08 打开Excel的"文件"菜单，切换到"打印"界面，设置打印份数为"5"，如图6-33所示。

图 6-33

Step 09 选择页边距为"窄页边距"，单击"页面设置"按钮，如图6-34所示。

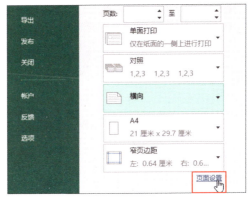

图 6-34

Step 10 弹出"页面设置"对话框，打开"图表"界面，勾选"按黑白方式"复选框，如图6-35所示。

Step 11 切换到"页眉/页脚"界面，单击"自定义页眉"按钮，如图6-36所示。

图 6-35

图 6-36

Step 12 打开"页眉"对话框,在中间的文本框中输入"德胜科技有限公司",单击"确定"按钮,如图6-37所示。

Excel中的图表即可以黑白形式被打印并在页眉位置显示公司名称。

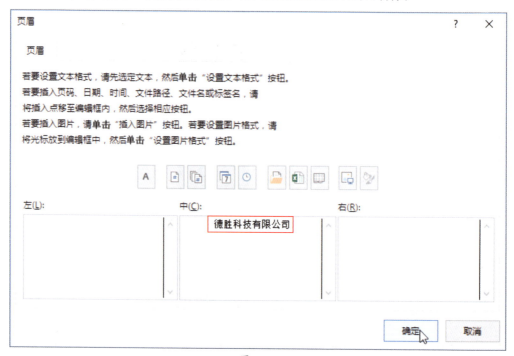
图 6-37

新手答疑

1. Q：如何设置预定义报表的类型？

A： 可以在"报表"对话框中设置，具体操作方法如下。

打开"报表"选项卡，在"查看报表"组中单击"成本"下拉按钮，在弹出的列表中选择"更多报表"选项，如图6-38所示。弹出"报表"对话框，打开"成本"界面，选择需要的报表类型，单击"选择"按钮，即可更改预定义报表的类型，如图6-39所示。

图 6-38

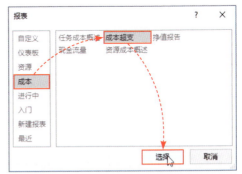

图 6-39

2. Q：如何创建可视报表模板？

A： 在"报表"选项卡中单击"可视报表"按钮，打开"可视报表-创建报表"对话框，单击"新建模板"按钮，如图6-40所示。弹出"可视报表-新建模板"对话框，在该对话框中选择应用程序、数据类型等，单击"确定"按钮，即可创建报表模板，如图6-41所示。

图 6-40

图 6-41

读书笔记

第7章
项目进度的跟踪

为了在预算允许的范围内按时完成项目,需要利用Project中的设置基线、更新项目进度、监视项目进度等功能来跟踪与监控项目,从而随时掌握计划任务的完成情况,以及监视项目的实际值与评估项目的执行情况。本章内容将对项目进度跟踪的知识进行详细介绍。

7.1 设置项目跟踪方式

项目进度管理是保证项目按时完成、合理安排资源以及节约项目成本的重要措施之一。跟踪项目进度时,需要根据项目计划设置项目的基线计划和中期计划。下面详细介绍如何设置基线计划及中期计划。

7.1.1 设置基线

为了对比当前计划与原始计划的吻合程度,可以为项目设置基线。下面介绍具体操作方法。

打开"项目"选项卡,在"日程安排"组中单击"设置基线"下拉按钮,在弹出的列表中选择"设置基线"选项,如图7-1所示。此时会弹出"设置基线"对话框,在该对话框中设置基线类型,最后单击"确定"按钮即可,如图7-2所示。

图 7-1

图 7-2

> **知识点拨**
> 设置基线后在"甘特图"视图中单击"添加新列"域标题的下拉按钮,在弹出的列表中选择"基线成本"选项,可在视图中显示基线成本值。

若要更新基线可再次打开"设置基线"对话框,此时在该对话框中会显示基线上次保存的时间,如图7-3所示,直接单击"确定"按钮。在弹出的对话框中单击"是"按钮即可完成更新操作,如图7-4所示。

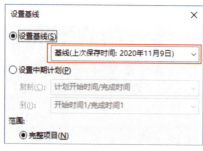

图 7-3

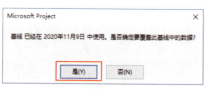

图 7-4

7.1.2 设置中期计划

中期计划是一组当前项目数据，在项目开始后保存，且可以与基线比较以评估项目进度。中期计划仅保存两类信息，即当前开始日期和当前完成日期。下面介绍如何设置中期计划。

打开"项目"选项卡，在"日程安排"组中单击"设置基线"下拉按钮，在弹出的列表中选择"设置基线"选项，弹出"设置基线"对话框，选择"设置中期计划"单选按钮，选择"复制"与"到"的相应选项，设置"范围"为"完整项目"，最后单击"确定"按钮即可，如图7-5所示。

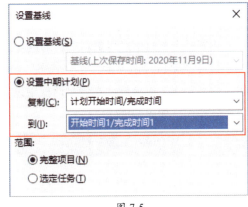

图 7-5

7.1.3 清除基线

当设置的基线和中期计划过多，或不再需要时可将其清除。下面介绍清除基线的操作方法。

打开"项目"选项卡，在"日程安排"组中单击"设置基线"下拉按钮，从弹出的列表中选择"清除基线"选项，如图7-6所示。弹出"清除基线"对话框，选择需要的选项，单击"确定"按钮即可，如图7-7所示。

图 7-6

图 7-7

7.2 项目的更新

在进行项目管理时,为了掌握项目的进度,需要对项目的开始时间、完成时间、项目的整体完成情况以及项目资源等项目信息进行更新。

7.2.1 更新整个项目

更新整个项目信息可更新项目的进度信息,为项目中的指定任务重新安排工作。

打开"项目"选项卡,在"状态"组中单击"更新项目"按钮,如图7-8所示。弹出"更新项目"对话框,在该对话框中设置相应的选项,单击"确定"按钮即可完成项目更新操作,如图7-9所示。

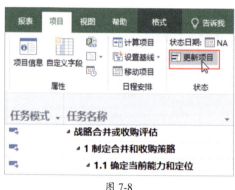
图 7-8

图 7-9

7.2.2 更新任务

更新任务可对完成的百分比、实际或剩余工期、实际开始日期以及完成日期等任务信息进行重新设置。下面介绍具体操作方法。

在"甘特图"视图中选择需要更新的任务,打开"任务"选项卡,在"日程"组中单击"跟踪时标记"下拉按钮,在弹出的列表中选择"更新任务"选项,如图7-10所示。弹出"更新任务"对话框,在该对话框中设置"完成百分比"值,系统会自动显示实际工期、剩余工期、实际开始时间等信息,如图7-11所示。

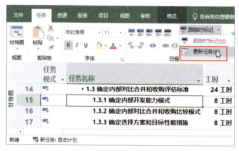
图 7-10

图 7-11

7.2.3 更新资源信息

除了更新整个项目及指定任务外,用户还可以在Project中更新项目资源的实际以及剩余工时等信息。

打开"视图"选项卡,在"资源视图"组中单击"资源使用状况"按钮,如图7-12所示。进入到"资源使用状况工具"视图,选择某个资源,打开"资源使用状况工具-格式"选项卡,在"分配"组中单击"信息"按钮,如图7-13所示。

图 7-12

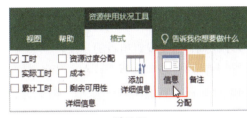

图 7-13

弹出"工作分配信息"对话框,切换到"跟踪"界面,在该界面中设置相关资源信息,设置完成后单击"确定"按钮即可,如图7-14所示。

图 7-14

动手练 设置成本自动更新

Project提供了自动更新实际成本的功能,若用户发现项目中的实际成本不能自动更新,需要检查是否关闭了自动计算实际成本的功能,具体操作方法如下:

在Project文件菜单中单击"选项"按钮,打开"Project选项"对话框,切换到"日程"界面,检查"Project自动计算实际成本"复选框是否被勾选,若未勾选,将其勾选即可,如图7-15所示。

图 7-15

7.3 跟踪项目情况

在Project中，通过跟踪项目可以控制项目的变化情况，及时发现项目在实施工程中遇到的各种问题，从而帮助用户根据实际情况调整计划中尚未完成的部分。

7.3.1 项目日程跟踪

扫码看视频

项目日程对整个项目起至关重要的作用，任何一项任务发生延迟都会造成成本的增加以及项目资源的不可用。为了确保项目能够按照计划顺序完成，需要设置项目的日程。

打开"视图"选项卡，在"任务视图"组中单击"其他视图"下拉按钮，在弹出的列表中选择"其他视图"选项。弹出"其他视图"对话框，选择"跟踪甘特图"选项，单击"应用"按钮，如图7-16所示。此时日程条形图上将显示任务的进度与状态，如图7-17所示。

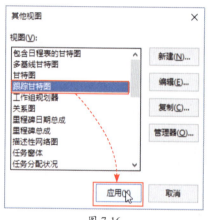

图 7-16

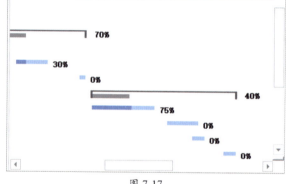

图 7-17

7.3.2 项目成本跟踪

为了确保可以在预算成本内完成项目，可以跟踪项目的固定成本、总成本以及差异成本等信息。

1. 跟踪所有项目成本

在"甘特图"视图中打开"视图"选项卡，在"数据"组中单击"表格"下拉按钮，在弹出的列表中选择"成本"选项，在"成本"表中即可查看所有项目的各种成本值。

2. 跟踪指定项目成本

在"甘特图"视图中选中指定项目，打开"任务"选项卡，在"属性"组中单击

"信息"按钮。弹出"任务信息"对话框，切换到"资源"界面，在该界面中即可查看当前任务的各项资源成本，如图7-18所示。

图 7-18

7.3.3 项目工时跟踪

工时的长短决定了项目预算的成本，若想更好地控制项目预算成本，需要对任务或资源的各种工时信息进行跟踪。

打开"视图"选项卡，在"任务视图"组中单击"任务分配状况"按钮，进入"任务分配状况"视图。打开"任务分配状况工具-格式"选项卡，在"详细信息"组中同时勾选"工时""实际工时""累计工时""比较基准工时"复选框，在当前视图中即可查看到项目的各种工时信息，如图7-19所示。

图 7-19

7.4 项目进度的监视

在项目实施过程中，为了确保项目可以根据预计的范围、日程及预算标准顺利进行，需要对项目的进度情况进行监视。

7.4.1 分组监视

使用分组，便于用户查看工作表视图中的任务、资源以及工作分配的摘要信息等。

在"甘特图"视图中打开"视图"选项卡，在"数据"组中单击"分组依据"下拉按钮，在弹出的列表中选择需要的分组条件，此处选择"状态"选项，如图7-20所示。视图中的项目随即按照状态进行分组，显示已完成的、仍未完成的以及剩余的工作，如图7-21所示。

图 7-20

图 7-21

7.4.2 排序任务

通过对任务的成本值进行排序，可以让其按照一定的顺序展示，从而达到监视项目的目的。

在"甘特图"视图中打开"视图"选项卡，在"数据"组中单击"排序"下拉按钮，在弹出的列表中选择"按成本"选项，如图7-22所示，视图中的项目随即按照成本值进行降序排序。

图 7-22

7.4.3 筛选任务

除了对项目进行排序，还可以按照指定的条件筛选任务或资源。接下来介绍如何筛选任务。

在"甘特图"视图中，打开"视图"选项卡，在"数据"组内单击"筛选器"下拉按钮，在弹出的列表中选择筛选条件，此处选择"日期范围"选项，如图7-23所示。系统随即弹出"日期范围"对话框，先输入起始日期，单击"确定"按钮后会再次弹出一个"日期范围"对话框，输入截止日期，如图7-24所示。

图 7-23

图 7-24

视图中的项目随即筛选出指定范围内的任务，如图7-25所示。

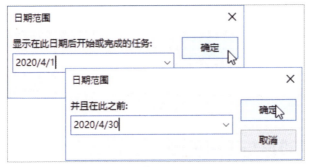

图 7-25

7.5 查看其他项目信息

实施项目的过程中，用户需要经常查看任务的单位信息、允许时差、进度差异等信息。下面介绍如何查看这些信息。

7.5.1 查看单位信息

查看单位信息，即查看分配给任务的资源单位值。在"甘特图"视图中打开"视图"选项卡，在"拆分视图"组中勾选"详细信息"复选框，视图随即分成上下两个视图，上部分仍显示"甘特图"视图，下部分显示"任务窗体"视图。在"甘特图"视图中选中某个任务，在下方的"任务窗体"视图中便可查看到所选任务分配到的资源单位信息，如图7-26所示。

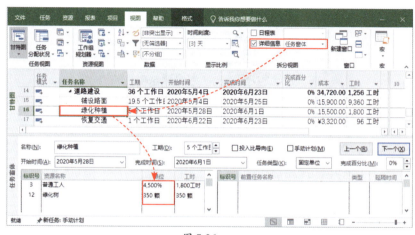

图 7-26

7.5.2 查看进度与工时差异

项目执行过程中若要查看进度与工时差异可以使用"差异表"和"工时表"来查看。

1. 查看进度差异

打开"任务"选项卡，单击"甘特图"下拉按钮，在弹出的列表中选择"跟踪甘特图"选项，切换到"跟踪甘特图"视图。随后打开"视图"选项卡，在"数据"组中单击"表格"下拉按钮，在弹出的列表中选择"差异"选项，在"差异表"中即可查看任务开始与完成时间的差异。

2. 查看工时差异

在"甘特图"视图中，打开"视图"选项卡，在"数据"组中单击"表格"下拉按钮，在弹出的列表中选择"工时"选项，表格中即可显示计划工时与实际消耗工时之间的差异。

动手练 查看允许时差

项目实施过程中若要提前或延迟指定任务的开始时间，需要先了解哪些任务可以提前或延迟，下面介绍如何查看项目的允许时差。

Step 01 打开"视图"选项卡，在"任务视图"组中单击"其他视图"下拉按钮，在弹出的列表中选择"其他视图"选项，如图7-27所示。

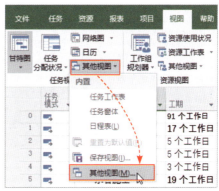

图 7-27

Step 02 弹出"其他视图"对话框，选择"详细甘特图"选项，单击"应用"按钮，如图7-28所示。

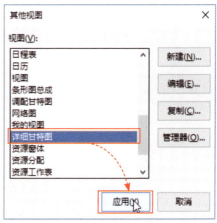

图 7-28

Step 03 在"详细甘特图"视图中右击"完成时间"域名称，在弹出的快捷菜单中选择"插入列"选项，如图7-29所示。

图 7-29

Step 04 在新插入列的下拉列表中选择"最早开始时间"选项，在表格中添加一个"最早开始时间"域，如图7-30所示。

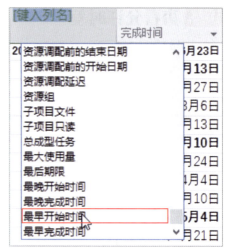

图 7-30

Step 05 右击"最早开始时间"域标题，在弹出的快捷菜单中选择"域设定"选项，如图7-31所示。

图 7-31

Step 06 弹出"字段设置"对话框，设置标题名称，单击"确定"按钮，修改域名称，如图7-32所示。

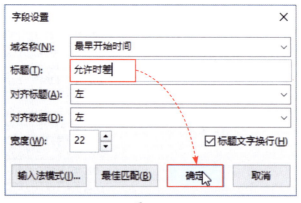

图 7-32

案例实战：跟踪游乐园开发项目

在项目实施过程中，任何因素都有可能对任务的完成情况造成影响。下面以游乐园开发项目为例，利用基线、更新项目进度等功能对项目进行跟踪，以便及时发现问题，促使项目顺利完成。

Step 01 打开"项目"选项卡，在"日程安排"组中单击"设置基线"下拉按钮，在弹出的列表中选择"设置基线"选项，如图7-33所示。

Step 02 弹出"设置基线"对话框，选择"设置中期计划"单选按钮，选择范围为"完整项目"，如图7-34所示。

图 7-33

图 7-34

Step 03 参照Step 01再次打开"设置基线"对话框，选择"设置基线"单选按钮，随后单击"确定"按钮关闭对话框，如图7-35所示。

Step 04 在甘特图中单击"添加新列"域标题，在展开的列表中选择"基线成本"选项，如图7-36所示。

图 7-35

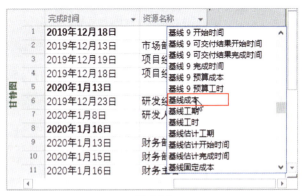

图 7-36

Step 05 甘特图中随即显示"基线成本"列，如图7-37所示。

Step 06 打开"视图"选项卡，在"数据"组中单击"表格"下拉按钮，在弹出的列表中选择"成本"选项，如图7-38所示。

图 7-37

图 7-38

Step 07 在"成本"表中可查看到固定成本、总成本、基线值、差异值、实际值及剩余值,如图7-39所示。

图 7-39

Step 08 打开"视图"选项卡,在"任务视图"组中单击"任务分配状况"按钮,进入"任务分配状况"视图,如图7-40所示。

Step 09 打开"任务分配状况工具-格式"选项卡,在"详细信息"组中勾选"成本""工时"和"累计工时"复选框,查看工时与成本的详细情况,如图7-41所示。

图 7-40

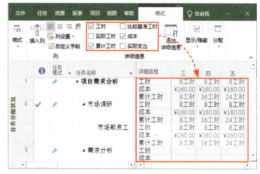
图 7-41

Step 10 打开"视图"选项卡，在"任务视图"组中单击"网络图"按钮，切换到"网络图"视图，如图7-42所示。

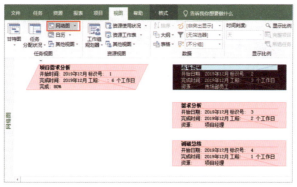

图 7-42

Step 11 打开"网络图工具–格式"选项卡，在"样式"组中单击"方框样式"按钮，如图7-43所示。

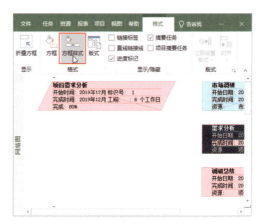

图 7-43

Step 12 弹出"方框样式"对话框，按住Ctrl键依次选择"关键任务"和"非关键任务"方框类型，选择数据模板为"跟踪"，设置边框及背景效果，单击"确定"按钮，如图7-44所示。

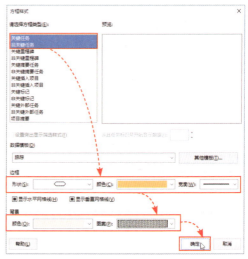

图 7-44

Step 13 打开"视图"选项卡,在"任务视图"组中单击"甘特图"下拉按钮,在弹出的列表中选择"甘特图"选项,切换回"甘特图"视图,如图7-45所示。

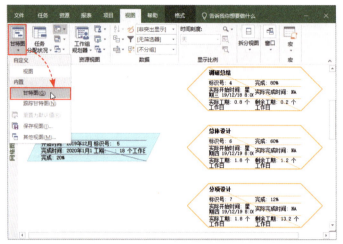

图 7-45

Step 14 打开"项目"选项卡,在"属性"组中单击"项目信息"按钮,如图7-46所示。

图 7-46

Step 15 在弹出的对话框中设置状态日期,如图7-47所示。

图 7-47

Step 17 打开"甘特图工具-格式"选项卡,在"格式"组中单击"网格线"下拉按钮,在弹出的列表中选择"进度线"选项,如图7-48所示。

图 7-48

Step 18 弹出"进度线"对话框,在"日期与间隔"界面中设置相关选项,如图7-49所示。

图 7-49

Step 19 切换到"线条样式"界面,设置进度线的类型及线条样式,最后单击"确定"按钮,如图7-50所示。

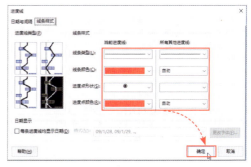

图 7-50

Step 20 甘特图的条形图中随即显示进度线及进度点,如图7-51所示。

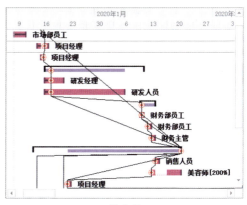

图 7-51

新手答疑

1. Q：如何同时按多个条件对任务进行分组监视？

　　A：若要同时按照多个条件进行分组可做如下设置。在"甘特图"视图中打开"视图"选项卡，在"数据"组中单击"分组依据"下拉按钮，在弹出的列表中选择"其他组"选项，弹出"其他组"对话框，选择需要分组的任务，单击"复制"按钮，如图7-52所示。在弹出的对话框中设置名称并同时设置多个分组依据，最后单击"保存"按钮，如图7-53所示。表格中的任务即按照指定的多个依据进行分组，如图7-54所示。

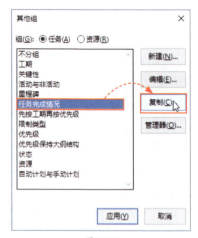

图 7-52

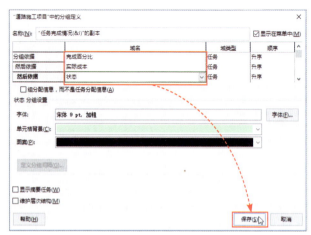

图 7-53

图 7-54

注意事项 若在任务视图中进行多条件分组，"其他组"对话框中的"资源"类选项将不可用；反之，若是在资源视图中，则"其他组"对话框中的"任务"类选项不可用。

2. Q：如何取消分组显示？

　　A：在"视图"选项卡中的"数据"组内，单击"分组依据"下拉按钮，在弹出的列表中选择"不分组"选项即可。

第8章
项目的分析与调整

　　分析与调整项目是完成项目规划并设置项目的基线与中期计划后，根据用户特定的要求，使用Project的调整功能重新组织项目信息，以便查看和分析项目，从而解决项目中的各种问题。

8.1 资源问题的修改

对任务进行资源分配时，经常会出现资源过度分配的情况，下面介绍如何检查项目中的过度分配并改善资源冲突。

8.1.1 检查资源的过度分配

人力资源短缺或一些其他因素都可能造成资源过度分配，此时需要查看过度分配的资源并合理调整资源的分配问题。

打开"视图"选项卡，在"资源视图"组中单击"其他视图"下拉按钮，在弹出的列表中选择"其他视图"选项，如图8-1所示。弹出"其他视图"对话框，选择"资源分配"选项，单击"应用"按钮，如图8-2所示。

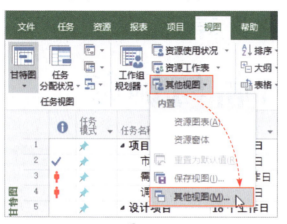

图 8-1

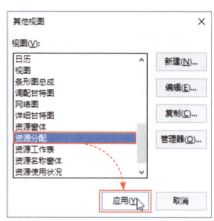

图 8-2

视图分为"资源使用状况"视图和"调配甘特图"视图两部分。在"资源使用状况"视图中选择过度分配的资源，"调配甘特图"视图中即可显示该资源的分配情况，如图8-3所示。

图 8-3

> **知识点拨**
>
> 除了在"资源分配"视图外，用户还可以通过"资源工作表"视图、"资源图表"视图以及"任务分配状况"视图查看过度分配的资源。

8.1.2 调整资源的过度分配

解决资源过度分配的方法有很多种，常用的方法包括调整资源的分配、安排加班时间、调整资源值以及调整资源分布等，用户可根据需要选择使用何种方法。

1. 替换资源

添加或替换资源是解决资源过度分配的最直接有效的方法。下面介绍如何替换过度分配的资源。

在"甘特图"视图中选中过度分配的任务，打开"资源"选项卡，在"工作分配"组中单击"分配资源"按钮，弹出"分配资源"对话框，选中需要替换的资源名称，单击"替换"按钮，如图8-4所示。在弹出的"替换为"对话框中选择资源名称，单击"确定"按钮即可完成替换，如图8-5所示。

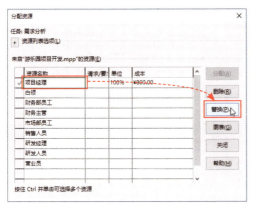

图 8-4

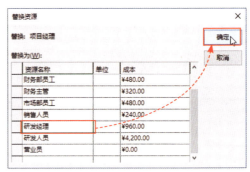

图 8-5

2. 增加加班时间

设置加班时间也可以解决资源过度分配的问题，下面介绍具体操作方法。打开"视图"选项卡，在"任务视图"组中单击"其他视图"下拉按钮，在弹出的列表中选择"其他视图"选项，系统弹出"其他视图"对话框，在该对话框中选择"任务数据编辑"选项，单击"应用"按钮，如图8-6所示。

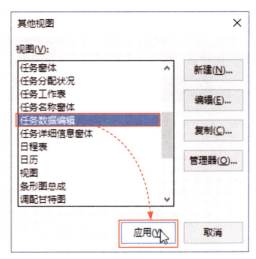

图 8-6

此时视图变成上下两部分,先在上面的"甘特图"视图中选择过度分配的任务,随后在下方的"任务窗体"视图中选中资源名称,打开"任务窗体工具-格式"选项卡,在"详细信息"组中单击"工时"按钮,如图8-7所示。

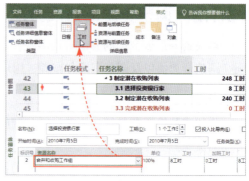

图 8-7

随后在"任务窗体"视图中设置加班时间,设置完成后单击"确定"按钮即可,如图8-8所示。

图 8-8

3. 调整资源分配

当项目中有多个过度分配的资源时,可通过调整资源的工时分布以及单位值来解决问题。首先切换到"资源使用状况"视图,选择包含过度分配的任务,切换到"资源使用状况格式"选项卡,在"分配"组中单击"信息"按钮,如图8-9所示。

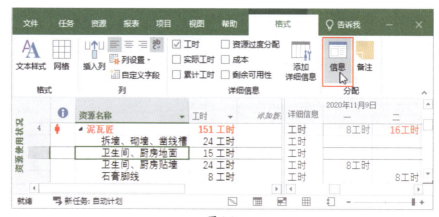

图 8-9

系统随即弹出"工作分配信息"对话框，在常规界面中即可设置单位值及工时分布方式，如图8-10所示。

图 8-10

4. 调整资源值

重新分配或替换资源都需要项目中有多余的资源可供选择，若不满足这个条件，还可通过设置资源的任务类型来解决资源过度分配的问题。

在"视图"选项卡中单击"其他视图"下拉按钮，在弹出的列表中选择"其他视图"选项，在弹出的对话框中选择"资源分配"选项，如图8-11所示。切换到"资源分配"视图，先在"资源使用状况"视图中选中过度分配的资源名称，再在"调配甘特图"视图中选中过度分配的任务名称，打开"任务"选项卡，在"属性"组中单击"信息"按钮，如图8-12所示。

图 8-11

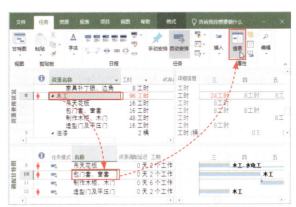

图 8-12

系统弹出"任务信息"对话框，切换到"高级"界面，设置"任务类型"为"固定工期"，如图8-13所示。随后返回到"资源使用状况"视图，选择包含过度分配的任务名称，打开"资源使用状况工具–格式"选项卡，在"分配"组中单击"信息"按钮，弹出"工作分配信息"对话框，设置"单位"为"90%"，单击"确定"按钮即可，如图8-14所示。

151

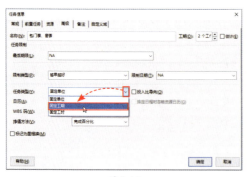
图 8-13

图 8-14

> **知识点拨**
>
> 除了使用上述方法以外，还可通过更改资源的工作时间、调整资源的可用性等方式来解决资源过度分配的问题，此处不再赘述。

8.2 日程安排的调整

当日程安排不合理时将会产生资源过度分配及项目延迟完成的情况，下面介绍如何改善日程安排的冲突及加速项目日程。

8.2.1 改善日程安排冲突

通过更改限制或增加时间、添加资源、调整可宽延时间等方法解决日程安排中的冲突。

1. 更改任务限制

打开"任务"选项卡，在"属性"组中单击"信息"按钮，弹出"任务信息"对话框，切换到"高级"界面，设置"限制类型"和"限制日期"，设置完成后单击"确定"按钮，如图8-15所示。

图 8-15

注意事项 设置任务限制后系统可能会弹出"规划向导"对话框，此时只需要根据实际情况在对话框中选择相应的选项即可，若勾选"不必再建议"复选框，将关闭规划向导功能，如图8-16所示。

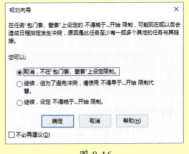

图 8-16

2. 添加资源

为任务添加资源是解决日程安排冲突最直接有效的方法。在"甘特图"视图中，选择需要添加资源的任务，打开"任务"选项卡，在"属性"组中单击"信息"按钮，弹出"任务信息"对话框，切换到"高级"界面，设置任务类型为"固定单位"，勾选"投入比导向"复选框，随后单击"确定"按钮，如图8-17所示。

图 8-17

打开"资源"选项卡，在"工作分配"组中单击"分配资源"按钮，弹出"分配资源"对话框，选择需要添加的资源名称，单击"分配"按钮，即可为任务添加资源，如图8-18所示。

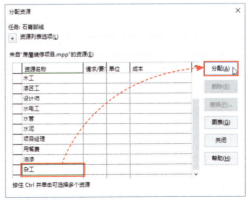

图 8-18

8.2.2 加速项目日程

项目计划中有一些必须按时完成的任务,这些任务就叫作关键任务,也称为关键路径。关键路径是项目中时间最长的活动顺序,决定着项目的最短工期。用户可以通过缩短项目关键任务的方法来解决日程冲突问题。

1. 查看关键任务

在"甘特图"视图中打开"甘特图工具-格式"选项卡,在"条形图样式"组中勾选"关键任务"复选框,关键路径上的任务随即会改变颜色,如图8-19所示。

图 8-19

打开"任务"选项卡,在"数据"组内单击"筛选器"下拉按钮,在弹出的列表中选择"关键"选项,即可只显示关键任务不显示其他任务,如图8-20所示。

图 8-20

2. 缩短关键任务

缩短关键任务或者工期的方法,通常包括增加资源、加班、任务并行以及更换资源等。

- **增加资源**:增加资源一般情况下会缩短工期,通常不是成比例地缩短。但这并不是绝对的,有时增加资源并不能缩短工期。
- **设置加班**:设置每天晚上加班几个小时,或由每周5天工作制变为6天工作制或7天工作制,会对缩短工期有帮助。
- **任务并行**:通常情况下A任务完成以后B任务才能开始,用户可以设置任务并行,在A任务没完成时就让B任务开始,以此缩短关键任务。
- **更换资源**:让更有效率的资源执行某些任务,例如,用更好的设备或用更熟练的人员等,这个方法在现实中执行起来较困难,但是也值得考虑。

动手练 查看任务的可宽延时间

通过查看任务的"最晚开始时间"和"最晚完成时间",可以非常直观地了解任务的可宽延程度,具体操作步骤如下。

Step 01 在工作表的域标题处右击,在弹出的快捷菜单中选择"插入列"选项,如图8-21所示。

Step 02 在弹出的列表中选择"最晚开始时间"选项,如图8-22所示,即可在工作表中插入"最晚开始时间"列。

图 8-21

图 8-22

Step 03 再次执行"插入列"命令,在工作表区域中插入"最晚完成时间"列,如图8-23所示。

图 8-23

Step 04 通过观察"最晚开始时间"与"最晚完成时间"便可清晰地判断出任务可宽延的时间,如图8-24所示。

图 8-24

8.3 项目问题的解决

项目中存在的异常问题，例如时间、进度、成本、资源与工作分配问题等，下面介绍如何解决项目中发现的问题。

8.3.1 更改任务工时

在Project成本与资源问题可以通过设置剩余任务工时及替换资源的方法来解决。

打开"视图"选项卡，在"资源视图"组中单击"资源工作表"按钮，切换到"资源工作表"视图。随后单击"表格"下拉按钮，在弹出的列表中选择"成本"选项，显示成本表，如图8-25所示。

图 8-25

继续在"视图"选项卡中的"资源视图"组中单击"资源使用情况"按钮，切换到"资源使用情况"视图，在右侧工时表中修改任务对应的工时，如图8-26所示。

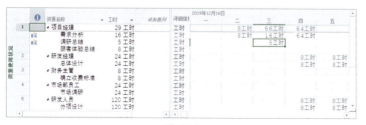

图 8-26

最后在"视图"选项卡中的"资源视图"组中单击"资源工作表"按钮，切换回"资源工作表"视图。通过观察可以发现，资源成本和剩余成本已经发生了变化，如图8-27所示。

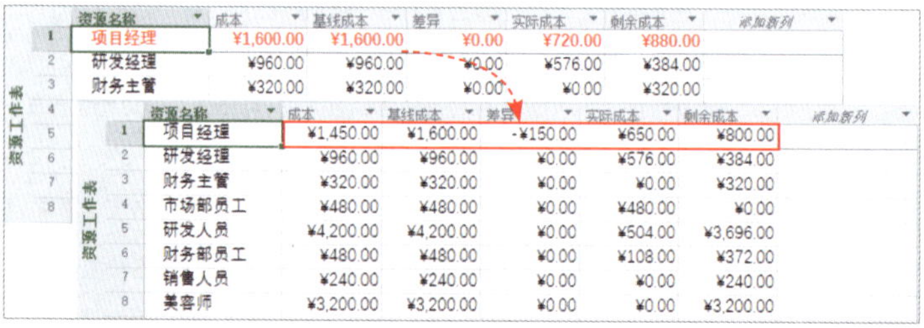

图 8-27

8.3.2 处理进度问题

通过限制项目日期与项目基准可解决项目进度落后的问题，下面介绍具体操作方法。

解决项目进度问题之前需要先筛选出进度落后的任务。打开"视图"选项卡，在"数据"组中单击"筛选器"下拉按钮，在弹出的列表中选择"其他筛选器"选项，打开"其他筛选器"对话框，在该对话框中选择"进度落后"选项，单击"应用"按钮，如图8-28所示。

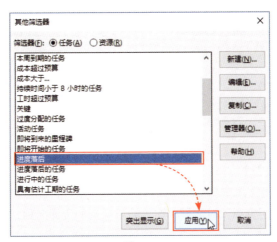

图 8-28

工作表中随即筛选出进度落后的任务，选择一个任务，打开"资源"选项卡，在"工作分配"组中单击"分配资源"按钮，弹出"分配资源"对话框，在该对话框中选择资源名称，单击"分配"按钮，如图8-29所示，即可为所选任务添加相应资源，从而解决日程落后的问题。

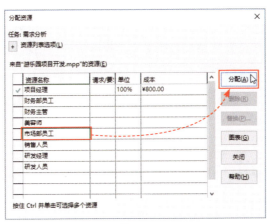

图 8-29

注意事项 为任务重新分配资源并不能百分之百保证可以解决进度落后的问题，若问题没有解决，还需要考虑使用其他方法。

动手练 替换未完成的任务资源

项目中未完成的任务可分配给其他资源来完成,以解决项目的成本与资源问题。

Step 01 在"视图"选项卡中的"任务视图"组内单击"任务分配状况"按钮,切换到"任务分配状况"视图。继续在"视图"选项卡中的"数据"组内单击"表格"下拉按钮,在弹出的列表中选择"工时"选项,打开工时表,如图8-30所示。

图 8-30

Step 02 在"数据"组中单击"筛选器"下拉按钮,在弹出的列表中选择"使用资源"选项,弹出"使用资源"对话框,输入需要筛选的资源名称,单击"确定"按钮,如图8-31所示。

图 8-31

Step 03 视图中即筛选出使用了相应资源的所有任务,通过"工时完成百分比"列中的值可以观察到资源的使用情况。接下来选择其中一个尚未完成任务的资源,打开"资源"选项卡,在"分配工作"组中单击"分配资源"按钮,如图8-32所示。

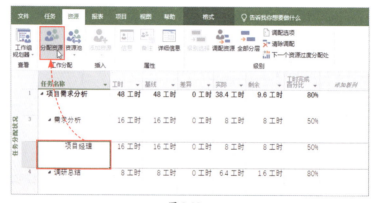

图 8-32

Step 04 系统弹出"分配资源"对话框,选择资源名称,单击"替换"按钮,如图8-33所示。

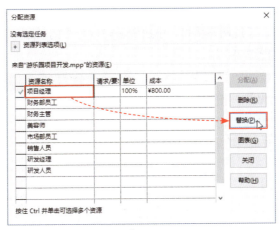

图 8-33

Step 05 打开"替换资源"对话框,选择需要替换为的资源,单击"确定"按钮,如图8-34所示。

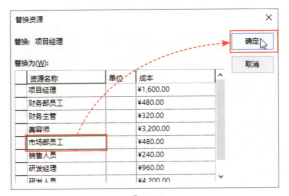

图 8-34

Step 06 任务未完成的工作随即分配给替换为的资源,最终效果如图8-35所示。

	任务名称	工时	基线	差异	实际	剩余	工时完成百分比
1	▲项目需求分析	48 工时	48 工时	0 工时	38.4 工时	9.6 工时	80%
3	▲需求分析	16 工时	16 工时	0 工时	8 工时	8 工时	50%
	项目经理	8 工时	16 工时	-8 工时	8 工时	0 工时	100%
	市场部员工	8 工时	0 工时	8 工时	0 工时	8 工时	0%

图 8-35

案例实战：分析智能手机新品上市项目

为了节约项目成本，保证项目规划顺利进行，可以分析项目、任务以及资源成本并查看进度落后的任务，通过调整项目，解决资源过度分配的问题。下面以分析智能手机新品上市项目为例进行详细介绍。

Step 01 在"甘特图"视图中，打开"视图"选项卡，在"数据"组内单击"表格"下拉按钮，在弹出的列表中选择"跟踪"选项，如图8-36所示。

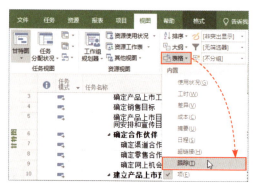

图 8-36

Step 02 打开"跟踪"表，设置"第1阶段-策划"摘要项目的"完成百分比"为"100%"，如图8-37所示。

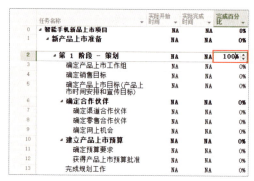

图 8-37

Step 03 输入完成后按Enter键，当前摘要任务的子任务及上一级摘要任务的完成百分比会自动显示，如图8-38所示。参照上述方法，继续设置其他任务的完成百分比。

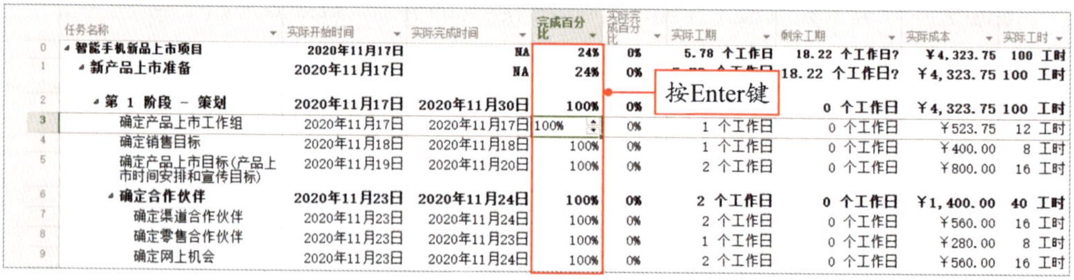

图 8-38

Step 04 在"视图"选项卡中再次单击"表格"下拉按钮，在弹出的列表中选择"成本"选项，如图8-39所示。

Step 05 在"成本"表中设置指定任务的"固定成本"，如图8-40所示。

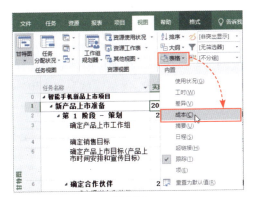

图 8-39

	任务名称	固定成本
39	营销	￥0.00
40	评估市场并优化信息传递	￥0.00
41	设计并订购最终包装	￥0.00
42	撰写新闻稿	￥0.00
43	撰写产品说明文案	￥0.00
44	制作销售演示	￥0.00
45	向内部组织传达产品上市的详细信息	￥0.00
46	确定销售、现场和产品支持培训	￥12,000.00
47	根据市场反馈和分析更新产品预测	￥0.00
48	根据预测更新产品上市计划	￥0.00
49	工程设计	￥0.00
50	完成和测试产品	￥0.00
51	制造	￥0.00
52	创建模型产品	￥0.00
53	准备管道	￥0.00

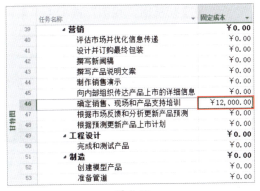

图 8-40

Step 06 打开“项目”选项卡，在“日程安排”组中单击“设置基线”下拉按钮，在弹出的列表中选择“设置基线”选项，如图8-41所示。

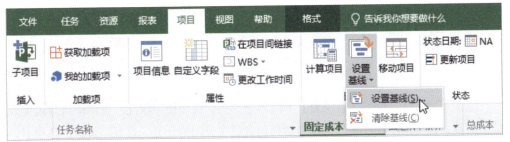

图 8-41

Step 07 弹出“设置基线”对话框，选择“设置基线”单选按钮，保持范围为“完整项目”，单击“确定”按钮，如图8-42所示。

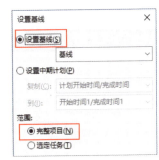

图 8-42

Step 08 此时用户可通过视图观察任务的固定成本、总成本、基线成本、实际成本、剩余成本等各项成本值，如图8-43所示。

	任务名称	固定成本	固定成本累算	总成本	基线	差异	实际	剩余
0	智能手机新品上市项目	￥0.00	按比例	￥78,975.00	￥78,975.00	￥0.00	7,627.87	￥21,347.13
1	新产品上市准备	￥0.00	按比例	￥78,975.00	￥78,975.00	￥0.00	,627.87	￥21,347.13
2	第 1 阶段 – 策划	￥0.00	按比例	￥4,323.75	￥4,323.75	￥0.00	,323.75	￥0.00
3	确定产品上市工作组	￥0.00	按比例	￥523.75	￥523.75	￥0.00	￥523.75	￥0.00
4	确定销售目标	￥0.00	按比例	￥400.00	￥400.00	￥0.00	￥400.00	￥0.00
5	确定产品上市目标(产品上市时间安排和宣传目标)	￥0.00	按比例	￥800.00	￥800.00	￥0.00	￥800.00	￥0.00
6	确定合作伙伴	￥0.00	按比例	￥1,400.00	￥1,400.00	￥0.00	,400.00	￥0.00
7	确定渠道合作伙伴	￥0.00	按比例	￥560.00	￥560.00	￥0.00	￥560.00	￥0.00
8	确定零售合作伙伴	￥0.00	按比例	￥280.00	￥280.00	￥0.00	￥280.00	￥0.00
9	确定网上机会	￥0.00	按比例	￥560.00	￥560.00	￥0.00	￥560.00	￥0.00
10	建立产品上市预算	￥0.00	按比例	￥1,200.00	￥1,200.00	￥0.00	,200.00	￥0.00
11	确定预算要求	￥0.00	按比例	￥400.00	￥400.00	￥0.00	￥400.00	￥0.00
12	获得产品上市预算批准	￥0.00	按比例	￥800.00	￥800.00	￥0.00	￥800.00	￥0.00
13	完成规划工作	￥0.00	按比例	￥0.00	￥0.00	￥0.00	￥0.00	￥0.00

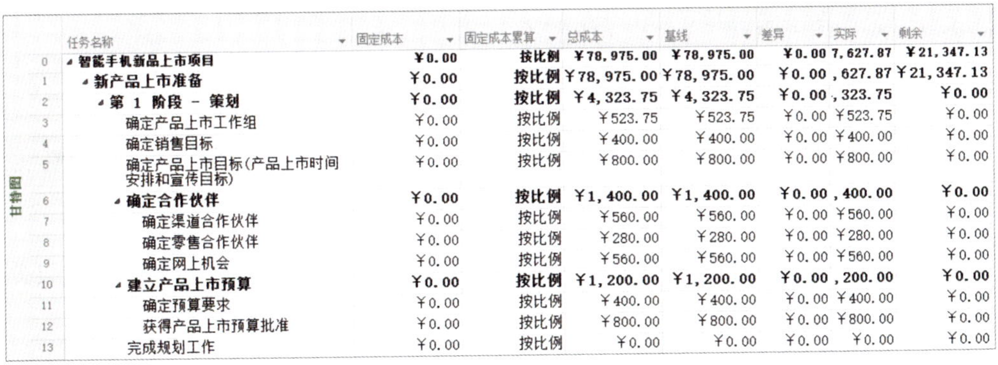

图 8-43

Step 09 切换回"视图"选项卡,单击"表格"下拉按钮,在弹出的列表中选择"项"选项,打开"项"表,如图8-44所示。

Step 10 在"资源视图"组中单击"其他视图"下拉按钮,在弹出的列表中选择"其他视图"选项,打开"其他视图"对话框,选择"资源分配"选项,单击"应用"按钮,如图8-45所示。

图 8-44

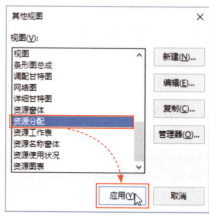

图 8-45

Step 11 此时,视图自动变为上下两部分,在"资源使用状况"视图中选择过度分配的资源,在"调配甘特图"视图中选择包含过度分配的任务,打开"资源"选项卡,在"级别"组中单击"调配资源"按钮,如图8-46所示。

Step 12 弹出"调配资源"对话框,单击"开始调配"按钮,如图8-47所示。

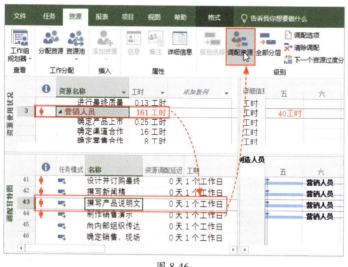

图 8-46

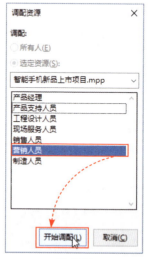

图 8-47

Step 13 此时,在"调配甘特图"中可以看到,部分包含过度分配的任务的过度分配图标已经消失,如图8-48所示。

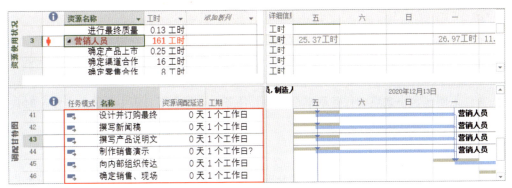

图 8-48

Step 14 先在"资源使用状况"视图中选择包含过度分配的任务，随后在"调配甘特图"视图中选择相应的任务，打开"资源"选项卡，在"工作分配"组中单击"分配资源"按钮，如图8-49所示。

Step 15 打开"分配资源"对话框，保持过度分配的资源为选中状态，单击"替换"按钮，如图8-50所示。

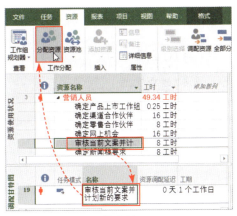

图 8-49

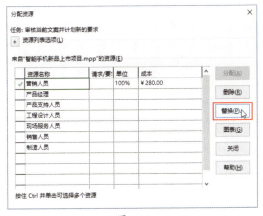

图 8-50

Step 16 弹出"替换资源"对话框，选择需要替换为的资源名称，单击"确定"按钮，如图8-51所示。"调配甘特图"视图中的对应任务的过度分配图标随之消失，如图8-52所示，参照此方法可继续替换其他被过度分配的资源。

图 8-51

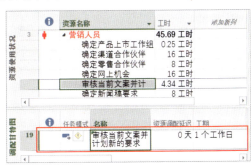

图 8-52

新手答疑

1. Q：设置任务工期时输入的都是整数，为什么最后自动计算出的工期会出现小数点？

A： 工期包含小数点的任务基本都是摘要任务，这是由于日历中每天的工作小时数不统一所造成的。

2. Q：如何分析项目成本？

A： 通过"成本"表中的成本数据分析项目的成本情况，具体操作主要分为两个步骤，首先，打开"任务"选项卡，单击"甘特图"下拉按钮，在弹出的列表中选择"任务工作表"选项，切换到"任务工作表"视图，如图8-53所示。打开"视图"选项卡，在"数据"组中单击"表格"下拉按钮，在弹出的列表中选择"成本"选项，如图8-54所示，在"成本"表中即可查看项目的成本情况。

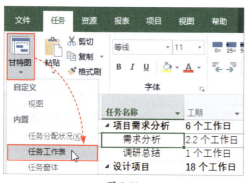

图 8-53

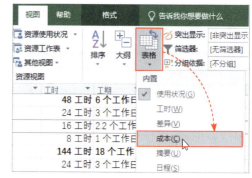

图 8-54

3. Q：如何控制摘要任务的隐藏和重新显示？

A： 以"甘特图"视图为例，打开"甘特图工具–格式"选项卡，在"隐藏/显示"组中勾选"摘要任务"复选框即可隐藏摘要任务，取消该复选的勾选则可让摘要任务重新显示，如图8-55所示。

图 8-55

第9章
项目文档的美化

　　一个大型的项目往往需要经历漫长的工期，在这期间需要不断地对项目进行跟踪、设置、修改、查看等。为了增加项目文档的可读性，可对文档的视图区、组件、工作区等进行美化，使其更美观，更便于阅读和查询。本章内容将对项目文档的美化进行详细介绍。

9.1 设置图表视图区

甘特图中的条形图看起来很简单，但是随着项目的变化，条形图也会变得复杂。为了理清项目条理并快速发现问题，用户可以对条形图的样式、版式及文本样式进行设置。

9.1.1 快速设置条形图样式

图表视图区主要用于显示甘特图的条形图。下面介绍如何设置条形图的样式。

Project提供了"计划中的样式"和"演示文稿样式"两种类型的甘特图样式，每种类型又包含12种各具特色的样式。

在"甘特图工具-格式"选项卡中的"甘特图样式"组内单击"其他"下拉按钮，在弹出的列表中可查看到这些样式，在需要的样式上方单击即可应用该样式，如图9-1所示。

图 9-1

通过"甘特图工具-格式"选项卡中的"条形图样式"组内的各种选项还可让指定的条形被突出显示，例如突出显示所选任务的前置任务，操作方法如下。

选择任务，单击"任务路径"下拉按钮，在弹出的列表中选择"前置任务"选项，所选任务的前置任务条形图随即以其他颜色显示，如图9-2所示。

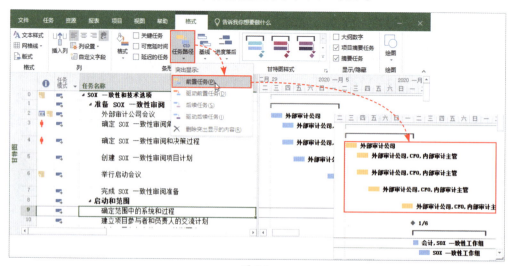

图 9-2

1. 设置版式

版式的设置内容包括设置甘特图的链接线、设置条形高度、显示日期等。打开"甘特图工具-格式"选项卡,在"格式"组中单击"版式"按钮,弹出"版式"对话框,选择一种链接样式,设置日期格式及条形的高度,单击"确定"按钮,如图9-3所示。

条形图中随即显示链接线,里程碑的日期格式及条形的高度都发生了相应变化,如图9-4所示。

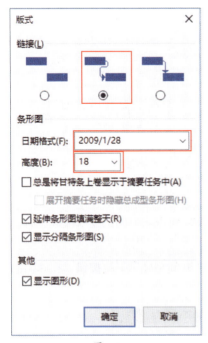

图 9-3

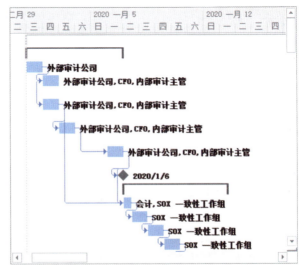

图 9-4

2. 设置条形图文本样式

打开"甘特图工具-格式"选项卡,在"格式"组中单击"文本样式"按钮,如图9-5所示。

图 9-5

弹出"文本样式"对话框,在"要更改的项"下拉列表中选择条形图文本的位置,随后设置"字体""字形""字号"及"颜色",单击"确定"按钮,如图9-6所示,条形图指定位置的文本随即应用文本样式,如图9-7所示。

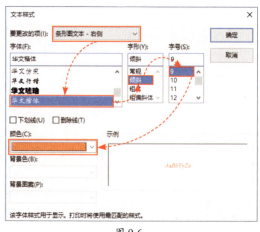

图 9-6

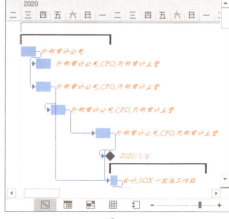

图 9-7

3. 更改时间刻度单位

为了让甘特图以最理想的状态显示,用户可根据实际情况将时间刻度修改成小时、季度天数、周、旬、月、半年、年等。

打开"视图"选项卡,在"显示比例"组中单击"时间刻度"下拉按钮,在弹出的列表中选择需要的时间刻度即可,如图9-8所示。

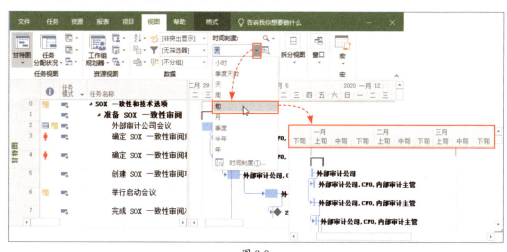

图 9-8

知识点拨

按住Ctrl键的同时滚动鼠标滚轮,也可快速调整时间刻度。向上滚动鼠标滚轮时会缩小时间刻度;而向下滚动鼠标滚轮会增大时间刻度。

9.1.2 自定义条形图样式

除了使用Project内置的条形图样式，用户也可以根据需要手动设置条形图样式。

1. 设置所选任务的条形图样式

选择需要设置条形图样式的任务，打开"甘特图工具-格式"选项卡，在"条形图样式"组中单击"格式"下拉按钮，在弹出的列表中选择"条形图"选项，如图9-9所示。

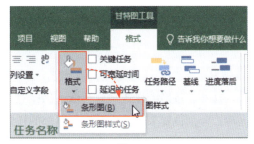

图 9-9

此时系统弹出"设置条形图格式"对话框，在"条形图形状"界面中设置条形图的形状样式，如图9-10所示。切换到"条形图文本"界面，在该界面中可以设置条形图不同位置所显示的内容，如图9-11所示。

图 9-10

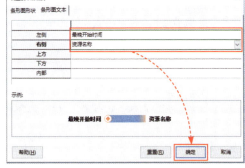

图 9-11

设置完成后单击"确定"按钮，所选任务对应的条形图随即变成相应的样式，如图9-12所示。

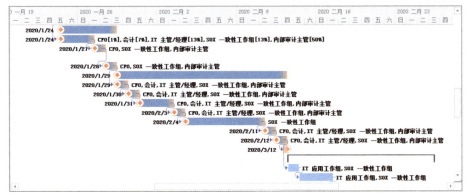

图 9-12

2. 根据任务类别设置条形图样式

在"甘特图"视图中打开"甘特图工具-格式"选项卡,在"条形图样式"组中单击"格式"下拉按钮,在弹出的列表中选择"条形图样式"选项,如图9-13所示。

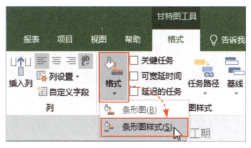

图 9-13

打开"条形图样式"对话框,确保对话框底部打开的是"条形图"界面。选择任务名称,分别设置头部、中部以及尾部的样式,此处分别设置"里程碑"和"摘要"任务的条形图样式,最后单击"确定"按钮,如图9-14所示。

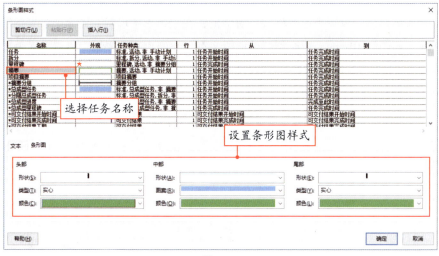

图 9-14

甘特图中的里程碑及摘要图形即发生相应变化,如图9-15所示。

图 9-15

动手练 美化时间刻度

前面介绍了如何更改时间刻度的单位，接下来对时间刻度进行美化，使其更易读。

打开"视图"选项卡，在"显示比例"组中单击"时间刻度"下拉按钮，在弹出的列表中选择"时间刻度"选项，打开"时间刻度"对话框。首先选择要显示的时间刻度层数，随后分别在"顶层""中层"及"底层"界面中设置单位、标签样式等即可，如图9-16所示。

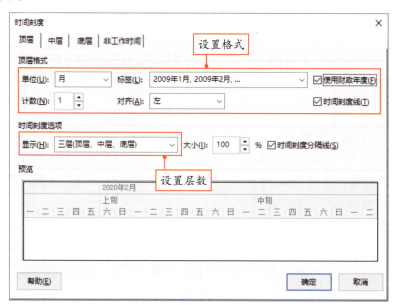

图 9-16

9.2 美化工作表区域

Project的工作表区域中包含项目的任务信息，通过设置文本、背景以及网格线等组件的格式可以让项目文档看起来更美观。

9.2.1 设置文本格式

文本格式的设置包括字体、字号、字体颜色及字体效果的设置，下面进行详细介绍。

1. 设置项目任务的文本格式

在"甘特图"视图中选择需要设置文本格式的任务，打开"任务"选项卡，通过"字体"组中的"字体""字号"及"字体颜色"等选项即可设置所选任务的文本格式，如图9-17所示。

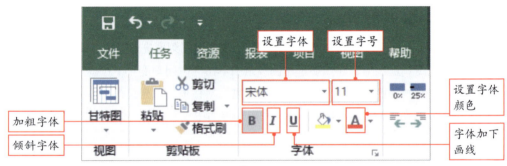

图 9-17

注意事项 用户可以为单个任务设置文本格式，也可同时为多个任务设置文本格式，前提是必须将这些任务选中。若要同时选中多个不相邻的任务，可按住Ctrl键再进行选择，而单击行号则可以将任务整行选中。

2. 设置指定内容的文本格式

除了在选项卡中设置文本格式外，用户也可通过"文本样式"对话框设置指定内容的文本格式，例如设置整个视图中所有文本的样式、设置行列标题、设置关键任务、设置里程碑、设置摘要任务等。

打开"甘特图工具–格式"选项卡，在"格式"组中单击"文本样式"按钮，打开"文本样式"对话框。单击"更改的项"下拉按钮，在弹出的列表中即可选择需要设置字体格式的项目，随后在该对话框中设置字体、字形、字号、字体颜色等效果即可，如图9-18所示。

图 9-18

9.2.2 设置背景格式

扫码看视频

设置背景颜色既可以美化工作界面，使其看起来赏心悦目，还可以突出数据，便于查看。接下来详细介绍如何设置背景格式。

1. 设置纯色背景

在"甘特图"视图中，选中需要设置背景的区域，打开"任务"选项卡，在"字体"组中单击"背景色"下拉按钮，在弹出的颜色列表中选择需要的颜色，如图9-19所示，所选区域随即被设置成相应的颜色，如图9-20所示。

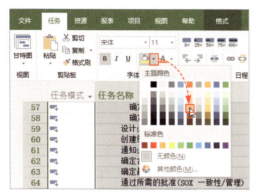

图 9-19

图 9-20

2. 设置图案背景

在"甘特图"视图中选择需要填充图案的区域，打开"任务"选项卡，在"字体"组中单击"对话框启动器"按钮，如图9-21所示。

图 9-21

系统弹出"字体"对话框，设置"背景色"及"背景图案"，单击"确定"按钮，如图9-22所示，所选区域即可设置相应效果的图案背景，如图9-23所示。

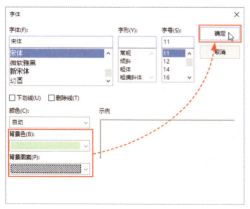

图 9-22

图 9-23

9.2.3 设置网格线

扫码看视频

网格线即视图中的网格形线条，设置网格线可以提高视图的美观性，加强视图的清晰效果，下面介绍网格线的设置方法。

在"甘特图"视图中打开"甘特图工具-格式"选项卡，在"格式"组中单击"网格线"下拉按钮，在弹出的列表中选择"网格线"选项，如图9-24所示。

图 9-24

在弹出的"网格"对话框中选择需要更改的线条，随后设置线条的类型、颜色及间隔数，最后单击"确定"按钮，如图9-25所示，视图中的网格线随即发生相应的变化，如图9-26所示。

图 9-25

图 9-26

动手练 为图表视图区添加网格线

除了为工作表视图区设置网格线效果外，图表视图区也可以添加网格线，且设置方法基本相同，具体操作步骤如下。

Step 01 参照9.2.3小节，打开"网格"对话框，在"要更改的线条"列表中选择"甘特图行"选项，设置类型和颜色，选择间隔为"2"，单击"确定"按钮，如图9-27所示。

Step 02 图表视图区中随即显示相应效果的网格线，如图9-28所示。

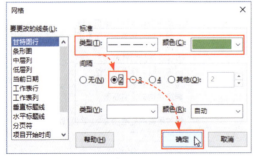

图 9-27

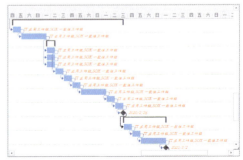

图 9-28

9.3 图形和组件的插入

在Project中，用户可以通过插入绘图和对象来备注信息，对项目任务进行描述和说明，接下来详细介绍如何插入图形和组件。

9.3.1 插入绘图

Project提供了多种绘图的图形，用于描述和显示任务的条形，操作起来更方便。

1. 绘制形状

在"甘特图"视图中打开"甘特图工具-格式"选项卡，在"绘图"组中单击"绘图"下拉按钮，在弹出的列表中选择需要的选项，如图9-29所示。随后将光标移动到视图区，按住左键不放并拖动光标即可绘制形状，绘制完成后松开鼠标即可，如图9-30所示。

图 9-29　　　　　　　　　　　　　　图 9-30

2. 调整形状大小和位置

选中形状后将光标放置在图形边线的任意控制点上方，当光标变成形状时按住左键不放并拖动光标可调整形状大小，如图9-31所示。

将光标放在图形上方，当光标变成" "形状时按住左键不放并向目标位置拖动光标，可移动图形位置，如图9-32所示。

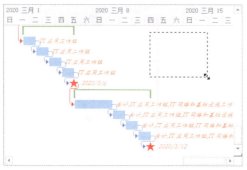
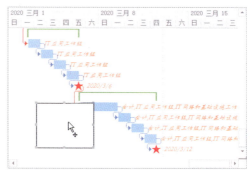

图 9-31　　　　　　　　　　　　　　图 9-32

3. 设置图形格式

图形绘制好后可对其进行适当美化。在图形上方右击，在弹出的快捷菜单中选择"属性"选项，如图9-33所示。

弹出"设置绘图对象格式"对话框，在"线条与填充"界面中设置线条的颜色和线条样式及填充颜色与图案效果，单击"确定"按钮即可完成图形的美化，如图9-34所示。

图 9-33

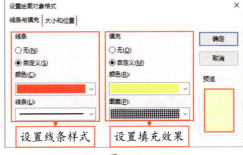

图 9-34

> **知识点拨**
>
> 设置图形格式后在"甘特图工具–格式"选项卡中单击"绘图"下拉按钮，在弹出的"绘图"列表中选择"循环填充颜色"选项，可根据"设置绘图对象格式"对话框中的"颜色"下拉列表中的颜色顺序循环填充颜色。

在"设置绘图对象格式"对话框中的"大小和位置"界面中还可精确设置图形的大小和位置，如图9-35所示。

其中"附加到时间刻度"表示图形将自动以指定的时间日期与垂直高度进行显示；而"附加到任务"则可将图形链接到任务上。

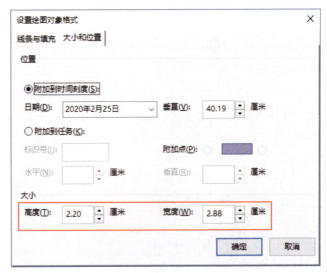

图 9-35

4. 调整图形层次

若在视图中插入了多个图形，将这些图形叠加摆放时，会根据创建的先后顺序来排列，用户也可根据需要重新调整图形的叠放次序。

右击需要调整层次的图形，在弹出的快捷菜单中选择"排列"选项，在其级联菜单中选择"下移一层"选项，即可将所选图形向下移动一个层，如图9-36所示。

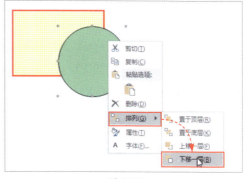

图 9-36

9.3.2 插入对象

在Project中，可将各种图表、Word文件、Excel文件等以备注的形式插入到项目中。

1. 插入现有对象

在"甘特图"视图中选择需要插入对象的任务，打开"任务"选项卡，在"属性"组中单击"备注"按钮，打开"任务信息"对话框，单击"插入对象"按钮，如图9-37所示。

图 9-37

系统打开"插入对象"对话框，选择"由文件创建"单选按钮，单击"浏览"按钮，在弹出的"浏览"对话框中找到需要使用的文件对象，将文件路径插入到当前对话框中，最后单击"确定"按钮，如图9-38所示。

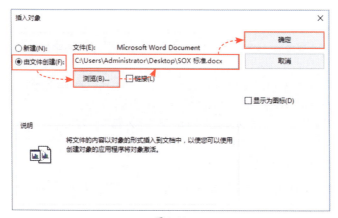

图 9-38

返回到"任务信息"对话框中，此时可以看到"备注"文本框中已经显示出了插入的文件内容，双击文件内容可打开源文件，如图9-39所示。

图 9-39

添加备注后，在"标记"列中右击备注图标，在弹出的快捷菜单中选择"备注"选项，打开"备注信息"对话框，从而对备注的内容进行查看或删除，如图9-40所示。

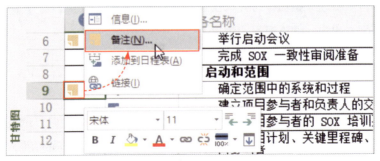

图 9-40

> **知识点拨**
>
> 在执行插入现有对象的过程中，用户还可以在"插入对象"对话框中勾选"链接"及"显示为图标"复选框。
> - "链接"表示将文件内容以图片的形式插入到项目文档中，图片与原始文件存在链接，当原始文件被更改时，项目文档中插入的图片内容也会随之更改。
> - "显示为图标"则可以将对象以文件图标的形式插入到项目文档。

2. 插入新建对象

插入新建对象和插入现有对象的方法类似，都是通过添加备注信息实现，具体操作方法如下。

双击需要插入对象的任务，打开"任务信息"对话框（若选择的是摘要任务，则打开的是"摘要任务信息"对话框），在"备注"界面中单击"插入对象"按钮，打开"插入对象"对话框，选择"新建"单选按钮，从"对象类型"列表框中选择对象的类型，单击"确定"按钮，如图9-41所示。

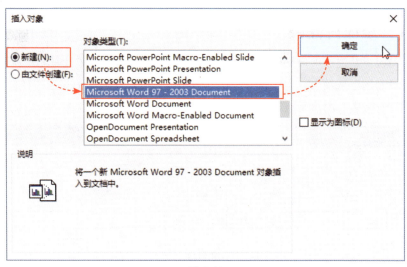

图 9-41

返回到上层对话框，此时，在"备注"文本框中显示一个空白对象，双击该对象，会打开对应的空白文档，在文档中输入内容后将文档关闭，适当调整对象的大小，最后单击"确定"按钮即可，如图9-42所示。

图 9-42

9.4 设置日程表

日程表可以清晰地显示项目的开始时间和完成时间及重要的任务时间，下面对日程表的添加和设置方法进行详细介绍。

9.4.1 添加日程表

默认情况下新建的项目文档自动显示日程表，用户可通过设置让其隐藏或显示。

打开"视图"选项卡，在"拆分视图"组中，通过勾选或取消勾选"日程表"复选框可控制"日程表"的显示或隐藏，如图9-43所示。

图 9-43

9.4.2 设置日程表

项目中的重要日期可以添加到日程表中显示，另外，用户还可对日程表的日期范围、日期格式、文本样式等进行设置。

1. 任务的添加与删除

选中需要添加到日程表的任务，右击，在弹出的快捷菜单中选择"添加到日程表"选项，如图9-44所示，当前任务随即被添加到日程表中。

若想将日程表中的任务删除，只需在日程表中右击需要删除的任务，在弹出的快捷菜单中选择"从日程表中删除"选项即可，如图9-45所示。

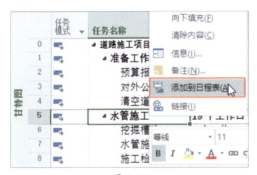

图 9-44

图 9-45

2. 更改任务的显示形式

向日程表中添加任务后，任务默认以条形图的样式显示，工期越长，条形越长，反之，工期越短，条形越短。当遇到工期较短的任务时，在条形图中将无法完整显示项目信息，此时用户可根据需要将其更改为以标注形式显示。

在日程表中右击指定任务，在弹出的快捷菜单中选择"显示为标注"选项，如图9-46所示，所选任务随即以标注形式显示，如图9-47所示。

图 9-46

图 9-47

3. 调整日期范围

日程表默认日期范围为项目的开始日期和完成日期，下面介绍如何自定义日程表的日期范围。

在日程表中单击"开始时间"或"完成时间"，打开"日程表工具-格式"选项卡，在"显示/隐藏"组中单击"日期范围"按钮，如图9-48所示。

弹出"设置日程表日期"对话框，选择"设置自定义日期"单选按钮，设置"开始"及"完成"时间，单击"确定"按钮即可，如图9-49所示。

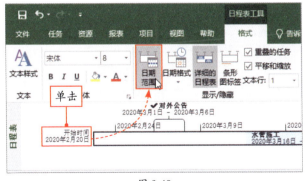

图 9-48

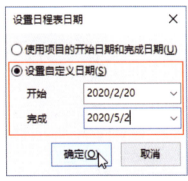

图 9-49

4. 设置文本样式

在日程表上选中指定任务，打开"日程表工具–格式"选项卡，在"字体"组中即可设置所选任务的字体、字号、字体颜色、字体效果等，如图9-50所示。

单击日程表两侧的"开始时间"或"完成时间"，还可对该时间设置文本样式，如图9-51所示。

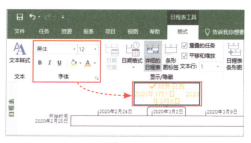

图 9-50

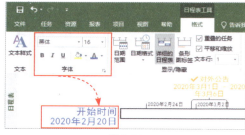

图 9-51

动手练 设置日程表日期格式

Project提供了非常多的日期格式，用户可更改日程表中的日期格式，如图9-52所示，以满足不同工作环境的使用需求，具体操作方法如下。

图 9-52

打开"日程表工具–格式"选项卡，在"显示/隐藏"组中单击"日期格式"下拉按钮，在弹出的列表中选择需要的日期格式即可，如图9-53所示。

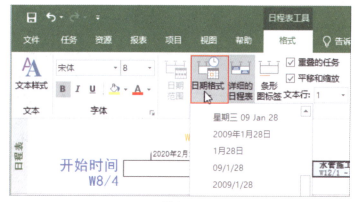

图 9-53

9.5 美化其他视图

除了美化"甘特图"视图，还可以对其他常用视图进行美化，下面对"网络图"视图、"日历"视图等进行美化。

9.5.1 "日历"视图的美化

Project中的"日历"视图可以使用月历格式查看周的范围，或查看指定周的任务与工期。

1．"日历"视图的切换

在"视图"组中单击"甘特图"下拉按钮，在弹出的列表中选择"日历"选项，如图9-54所示。文档随即切换到"日历"视图，如图9-55所示。在该视图中单击"月""周"或"自定义"按钮，可切换视图的显示范围。

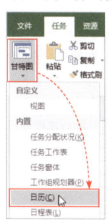

图 9-54

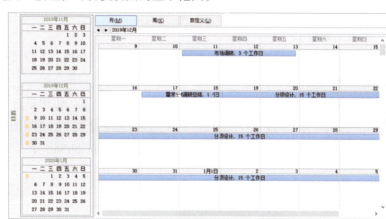

图 9-55

2．设置条形图样式

打开"日历工具-格式"选项卡，在"格式"组中单击"条形图样式"按钮。

在弹出的"条形图样式"对话框中选择任务类型，在"条形图形状"区域中可设置条形图的类型、图案、颜色及拆分模式等条形图样式；在"文本"区域中则可以设置显示在条形图中的文本、对齐方式及文本是否自动换行显示等，如图9-56所示。

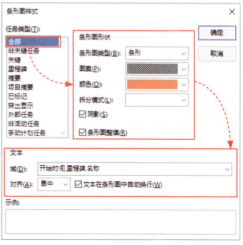

图 9-56

3. 设置网格线样式

打开"日历工具-格式"选项卡，在"格式"组中单击"网格"按钮，打开"网格"对话框。在该对话框中选择要更改的线条，随后设置线条的类型及颜色等即可，如图9-57所示。

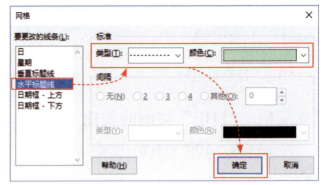

图 9-57

9.5.2 "网络图"视图的美化

"网络图"视图以流程图的形式显示任务与任务之间的联系。接下来详细介绍"网络图"视图的美化操作。

1. 更改方框样式

打开"任务"选项卡，在"视图"组中单击"甘特图"下拉按钮，在弹出的列表中选择"网络图"选项，即可切换到"网络图"视图。

随后打开"网络图工具-格式"选项卡，在"格式"组中单击"方框样式"按钮，打开"方框样式"对话框，在该对话框中选择需要设置方框类型的任务，随后便可设置方框的类型、数据模板、边框样式及背景颜色等，如图9-58所示。

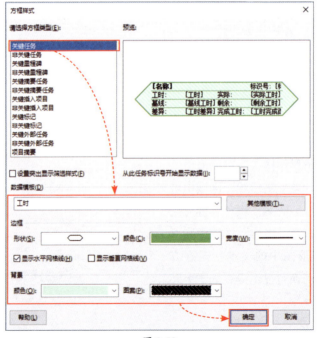

图 9-58

2. 设置指定方框样式

在"网络图"视图中选择需要设置格式的方框,打开"网络图工具-格式"选项卡,在"格式"组中单击"方框"按钮,如图9-59所示。

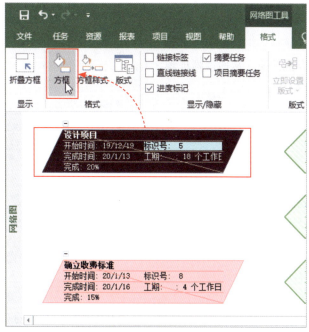

图 9-59

打开"设置方框格式"对话框,选择数据模板,设置边框的形状、颜色及宽度,设置背景的颜色和图案,最后单击"确定"按钮,即可完成对指定方框样式的设置,如图9-60所示。

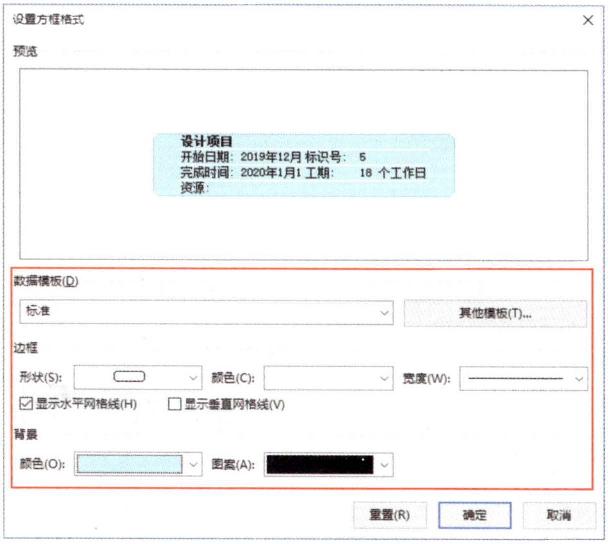

图 9-60

动手练 设置网络图方框版式

"网络图"视图中的方框版式默认为摘要任务在左侧显示，子任务在右侧显示，整体由上到下排列。在"网络图工具-格式"选项卡中的"显示"组内单击"折叠方框"按钮可将方框折叠，从而清晰地观察其版式，如图9-61所示。

注意事项 若在"版式"对话框中选择放置方式为"允许手动调整方框的位置"，则可手动将方框拖动到视图中的任意位置显示。

图 9-61

若要更改版式，可在"网络图工具-格式"选项卡中的"格式"组内单击"版式"按钮，打开"版式"对话框，在该对话框中选择排列方式、行和列的对齐方式、间距、高度及连接样式、连接颜色等，最后单击"确定"按钮即可完成设置，如图9-62所示。

图 9-62

案例实战：美化道路绿化施工项目

利用Project中的设置组件、整体格式等功能对项目中的文本、图形、版式等进行美化，可以达到突出特殊项目任务，提高文档整体美观度的目的。本次案例实战对道路绿化施工项目进行美化。

Step 01 在"甘特图"视图中的"项"表中打开"甘特图工具-格式"选项卡，在"格式"组中单击"文本样式"按钮，如图9-63所示。

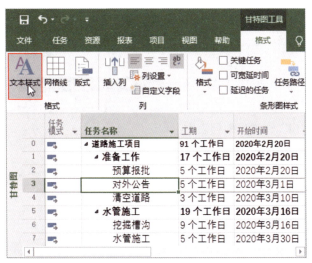

图 9-63

Step 02 打开"文本样式"对话框，设置"要更改的项"为"全部"，设置字体、字形及字号，单击"确定"按钮，如图9-64所示。

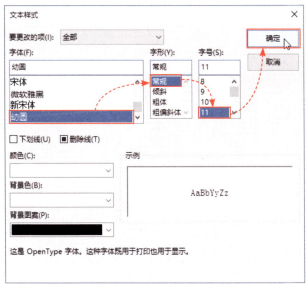

图 9-64

Step 03 选中所有摘要任务，打开"任务"选项卡，在"字体"组中设置字体加粗显示，字体颜色为橙色，如图9-65所示。

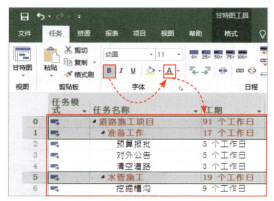

图 9-65

Step 04 打开"甘特图工具-格式"选项卡，在"条形图样式"组中单击"格式"下拉按钮，在弹出的列表中选择"条形图样式"选项，如图9-66所示。

图 9-66

Step 05 弹出"条形图样式"对话框，在"名称"列表中选择"任务"选项，打开"文本"界面，在"左侧"列表框中选择"文本"，在"右侧"列表框中选择"名称"，单击"确定"按钮，如图9-67所示。

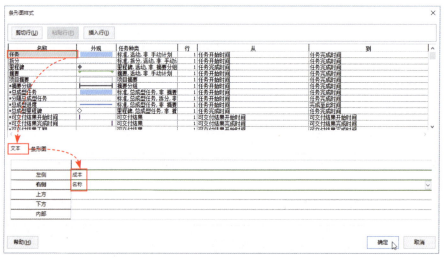

图 9-67

Step 06 在"甘特图工具-格式"选项卡中单击"甘特图样式"组中的"其他"下拉按钮，在弹出的列表中选择一款满意的样式，如图9-68所示，甘特图中的条形图随即应用该样式，如图9-69所示。

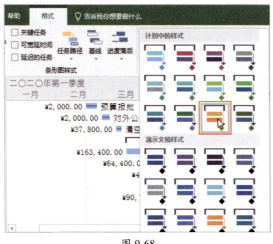

图 9-68

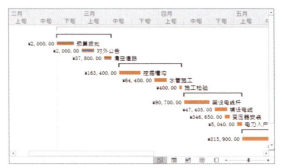

图 9-69

Step 07 在"甘特图工具-格式"选项卡中单击"绘图"下拉按钮，在弹出的列表中选择"文本框"选项，如图9-70所示。

图 9-70

Step 08 将光标移动到工作区，按住左键不放并拖动光标绘制文本框，如图9-71所示，绘制完成后松开鼠标即可。

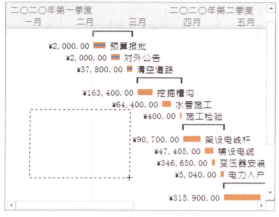

图 9-71

Step 09 在文本框中输入文本内容，调整好文本框大小，随后右击文本框，在弹出的快捷菜单中选择"属性"选项，如图9-72所示。

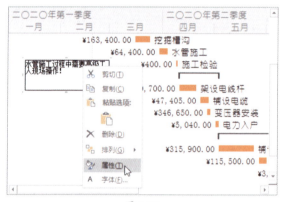

图 9-72

Step 10 打开"设置绘图对象格式"对话框，在"线条与填充"界面中选择线条为"无"，随后设置填充颜色和图案，单击"确定"按钮，如图9-73所示。

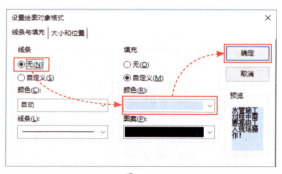

图 9-73

Step 11 切换到"视图"选项卡,在"拆分视图"组中勾选"日程表"复选框,显示出日程表视图,如图9-74所示。

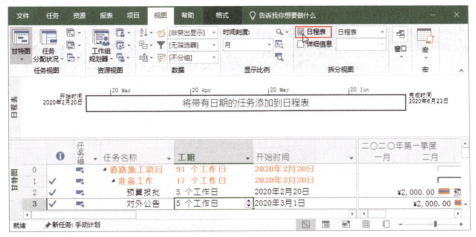

图 9-74

Step 12 在"日程表"视图中单击,激活"日程表工具-格式"选项卡,在"插入"组中单击"现有任务"按钮,如图9-75所示。

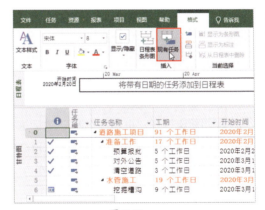

图 9-75

Step 13 打开"将任务添加到日程表"对话框,在该对话框中勾选需要添加的任务复选框,单击"确定"按钮,如图9-76所示。

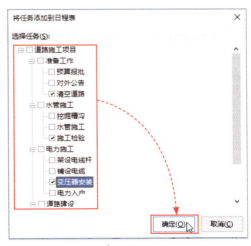

图 9-76

Step 14 在日程表上选中任务，在"日程表工具-格式"选项卡中单击"显示为标注"按钮，将该任务转换为以标注形式显示，如图9-77所示。随后参照此方法将日程表中的所有任务全部设置成以标注形式显示。

图 9-77

Step 15 在"日程表工具-格式"选项卡中的"显示/隐藏"组中单击"条形图标签"按钮，如图9-78所示。

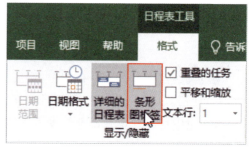

图 9-78

Step 16 打开"更新栏名称"对话框，输入名称，单击"确定"按钮，如图9-79所示。

图 9-79

Step 17 将光标移动到日程表下方边线处，当光标变成↕形时按住左键不放并向下拖动光标调整日程表的高度，如图9-80所示。

图 9-80

Step 18 选中日程表中的任务，按住左键不放并拖动光标，适当调整任务的显示位置，使其看起来更自然美观，如图9-81所示。

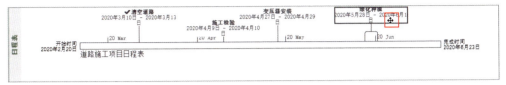

图 9-81

Step 19 至此完成"道路绿化施工项目"的美化工作，如图9-82所示。

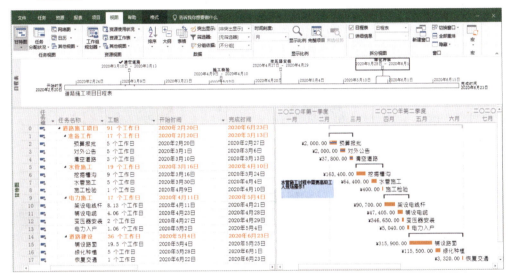

图 9-82

新手答疑

1. Q: 设置字体或背景颜色时，除了使用颜色列表中的颜色，能否根据需要随意设置颜色？

A: 可以自定义颜色。具体操作方法为，在颜色列表中选择"其他颜色"选项，如图9-83所示，可以打开"颜色"对话框。

在"标准"界面中包含了更多的标准色，用户可在此选择需要的颜色，如图9-84所示。此外，还可以自定义颜色，在"自定义"界面中手动输入红色、绿色以及蓝色的RGB值，或直接在"颜色"面板中选取一种颜色，然后通过拖动面板右侧颜色条上的小三角控制颜色的饱和度，如图9-85所示。

图 9-83

图 9-84

图 9-85

2. Q: 想要为所有摘要任务设置图案填充，有没有比较快速的方法？

A: 可以在"文本样式"对话框中设置。在"甘特图工具–格式"选项卡中单击"文本样式"按钮，打开"文本样式"对话框，设置"要更改的项"为"摘要任务"，随后设置"背景色"及"背景图案"，单击"确定"按钮即可，如图9-86所示。

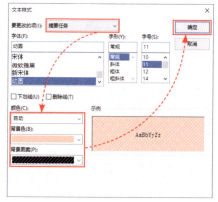

图 9-86

3. Q: 怎样才能在项目文档中创建一个正圆图形？

A: 先在"绘图"下拉列表中选择"椭圆形"，随后将光标移动到图表视图区域，按住Shift键不放，再按住左键并拖动光标即可绘制出一个正圆图形。

第 10 章
多项目管理

面对大型项目时，为了方便规划管理与项目执行，通常需要划分为多个小项目，由多人共同负责，最后再由项目经理将这些小项目汇总成一个总项目。如此一来，便需要通过多重管理功能，协调项目之间的资源、工作分配等问题并进行及时更新。本章内容将对资源的合并、多重资源管理等内容进行详细讲解。

10.1 创建共享资源库文件

在Project中，共享资源又称为合并资源，即将多个项目中的资源合并为一个共用资源库。下面对共享资源文档的创建、资源文件的打开及资源库的查看进行全面讲解。

10.1.1 资源库概念

可以查看多个项目中资源的利用状况，资源库包括链接到资源库的所有项目计划中的资源的任务分配信息，用户可以在资源库中修改资源的最大值、成本费率、非工作时间等资源信息。

在创建资源库之前，每个项目只包含自己的资源信息。当该项目的资源信息分配给两个项目中的任务时，可能会导致资源的过度分配与重复。

在创建资源库之后，项目计划链接到资源库，资源信息合并到资源库中并在共享计划中更新。此时，共享计划中的工作分配信息与详细信息也更新到资源库，将极有可能解决资源过度分配的问题。

资源库有以下几个优点：

- 一次输入资源信息，可在多个项目计划中使用。
- 在单一位置查看多个项目中的资源分配详情。
- 在多个项目中查看每一个项目的分配工作成本。
- 在多个项目中查找被过度分配的资源。
- 在多个项目中添加共享资源的信息。

当用户需要与网络上的Project 2019用户合作时，资源库显得尤为重要。此时，资源库储存在中央位置，而共享计划的所有者则可以共同使用公共的资源库。

10.1.2 创建资源库共享资源

创建资源库又称为共享资源，是将相同的资源用于多个项目中。对于拥有相同资源的多个项目来说，共享资源可以解决彼此之间资源不足的问题。

首先，要创建共享资源项目文档。单击"文件"按钮，进入文件菜单，打开"新建"界面，选择"空白项目"选项，如图10-1所示。

图 10-1

系统即新建一个空白项目文档，打开"视图"选项卡，在"资源视图"组中单击"资源工作表"按钮，如图10-2所示，随后对该空白项目文档执行保存操作。

图 10-2

接下来便可执行共享资源的操作了。打开所有相关联的项目文档，在任意文档中打开"视图"选项卡，在"窗口"组中单击"全部重排"按钮，将所有项目文档在一个窗口中显示，如图10-3所示。

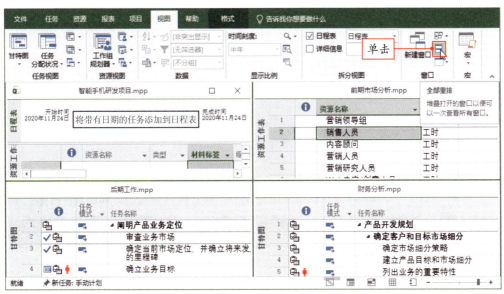

图 10-3

选中第一个要共享资源的项目文档，打开"资源"选项卡，在"工作分配"组中单击"资源池"下拉按钮，在弹出的列表中选择"共享资源"选项，如图10-4所示。

系统弹出"共享资源"对话框，设置资源库，单击"确定"按钮，如图10-5所示，随后参照此方法继续共享其他资源。

知识点拨

在"共享资源"对话框中包含"本项目优先"和"共享资源文件优先"选项。若选择"本项目优先",则表示当日历或资源信息发生冲突时,将使用共享计划中的资源信息。而选择"共享资源文件优先"选项,则表示当日历或资源信息发生冲突时,将使用资源池中的资源信息,如图10-6所示。

图 10-4

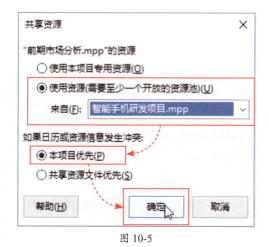

图 10-5　　　　　　　　　图 10-6

10.1.3　打开及查看资源文件

在打开资源池或共享资源文件时,选择不同的打开方式,对文件中数据的编辑也会不同。下面对不同的打开方式进行详细介绍。

1. 打开多个项目文档

打开"视图"选项卡,在"窗口"组中单击"新建窗口"按钮,如图10-7所示。

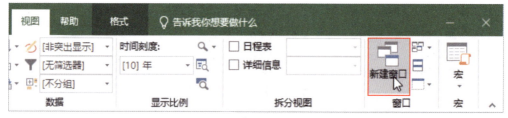

图 10-7

弹出"新建窗口"对话框，按住Ctrl键依次在对话框中单击项目名称，同时选中多个项目，最后单击"确定"按钮，如图10-8所示，系统会自动将所选项目合并并打开合并后的项目。

图 10-8

2. 打开资源文件

当打开资源池文件时，系统会弹出"打开资源池"对话框，该对话框包含"以只读方式打开资源池……""以读写方式打开资源池……"及"以读写方式打开资源池和所有其他共享资源文件……"三个选项，如图10-9所示，用户可根据需要选择打开方式。

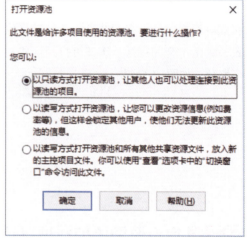

图 10-9

三种打开方式的区别如下：

- 以只读方式打开资源池：表示资源池会以只读的方式被打开，在只读模式下无法将编辑过的内容保存到当前文档中。

- 以读写方式打开资源池：表示以读写方式打开资源池，这会导致资源池文件被锁定，其他用户将无法更新资源池信息。

- 以读写方式打开资源池和所有其他共享资源文件：表示以读写的方式打开资源池以及所有共享资源文件。

3. 打开共享资源文件

当打开共享资源的文件时会弹出"打开资源池信息"对话框，该对话框中包含两个选项，分别为"打开资源池以查看所有共享资源文件的工作分配"和"不打开其他文件"，如图10-10所示。若选择前者则表示打开文档的同时打开资源池文件，而选择后者则表示只打开当前文档。

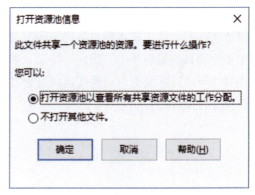

图 10-10

4. 查看资源库

打开资源库项目文档，切换到"资源"选项卡，在"工作分配"组中单击"资源池"下拉按钮，在弹出的列表中选择"共享资源"选项，打开"共享资源"对话框，在该对话框中便可查看共享资源的链接位置，单击"全部打开"按钮可打开这些共享资源，如图10-11所示。

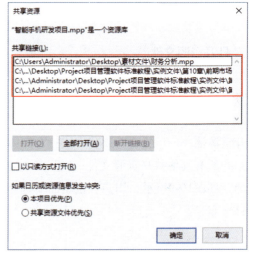

图 10-11

动手练 向资源池添加新项目计划

创建资源池后若有新的项目，仍可向资源池中添加，而且可以为新项目中的任务分配资源池中的资源，具体操作步骤如下。

Step 01 在新建的项目文档中输入项目任务并进行保存。在该项目文档中打开"资源"选项卡，在"工作分配"组中单击"资源池"下拉按钮，在弹出的列表中选择"共享资源"选项，如图10-12所示。

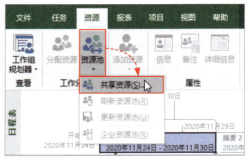

图 10-12

Step 02 弹出"共享资源"对话框，选择"使用资源（需要至少一个开放的资源池）"单选按钮，选择需要添加的资源池，选择"共享资源文件优先"单选按钮，最后单击"确定"按钮，如图10-13所示，即可将新建的项目共享到资源池。

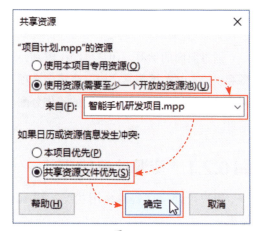

图 10-13

Step 03 在新建项目文档中选择指定的任务，在"资源"选项卡中的"工作分配"组内单击"分配资源"按钮，如图10-14所示。

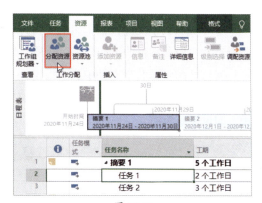

图 10-14

Step 04 打开"分配资源"对话框，选择资源名称，单击"分配"按钮，即可将资源池中的资源分配给所选任务，如图10-15所示。

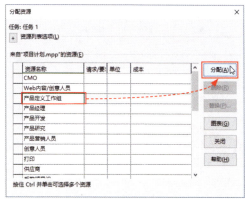

图 10-15

注意事项 向资源池中共享新项目时，必须保证资源池文件为打开状态，否则在"共享资源"对话框中将无法找到该选项。

10.2 管理多重资源文件

通过前面的学习，用户已经了解到，所谓资源就是用于完成项目中的任务的人、设备和供给，其范围非常广泛。当将多个项目的资源添加到资源池后，为了方便管理这些资源，更好地协调各项目之间的工作分配与时间等问题，还需要学习如何管理多重资源信息。

10.2.1 资源信息的更新

用户可使用"资源使用状况"视图及"更改工作时间"对话框等方式来更新资源库。

1. 刷新资源库

打开资源共享文件，在弹出的"打开资源池信息"对话框中选择"打开资源池以查看所有共享资源文件的工作分配"选项，如图10-16所示。

在打开的资源共享文件中删除指定任务所分配的资源，随后打开"资源"对话框，在"工作分配"组中单击"资源池"下拉按钮，在弹出的列表中选择"刷新资源池"选项，即可刷新资源库，如图10-17所示。

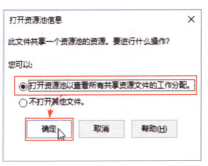

图 10-16

图 10-17

> **知识点拨**
>
> 删除任务分配到的资源，可通过"分配资源"对话框执行。具体方法如下：选择任务后打开"资源"选项卡，在"工作分配"组中单击"分配资源"按钮，打开"分配资源"对话框，在该对话框中选中已分配的资源，单击"删除"按钮即可，如图10-18所示。

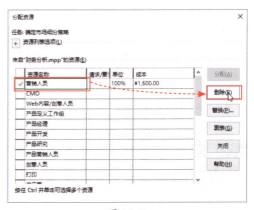

图 10-18

2. 更新资源工作时间

更新资源信息即更新资源池中的时间及成本率。打开资源库文档，在"视图"选项卡中的"资源视图"组中单击"资源使用情况"按钮，切换到"资源使用情况"视图。

选择资源名称，打开"资源"选项卡，在"属性"组中单击"信息"按钮。弹出"资源信息"对话框，单击"更改工作时间"按钮，如图10-19所示。

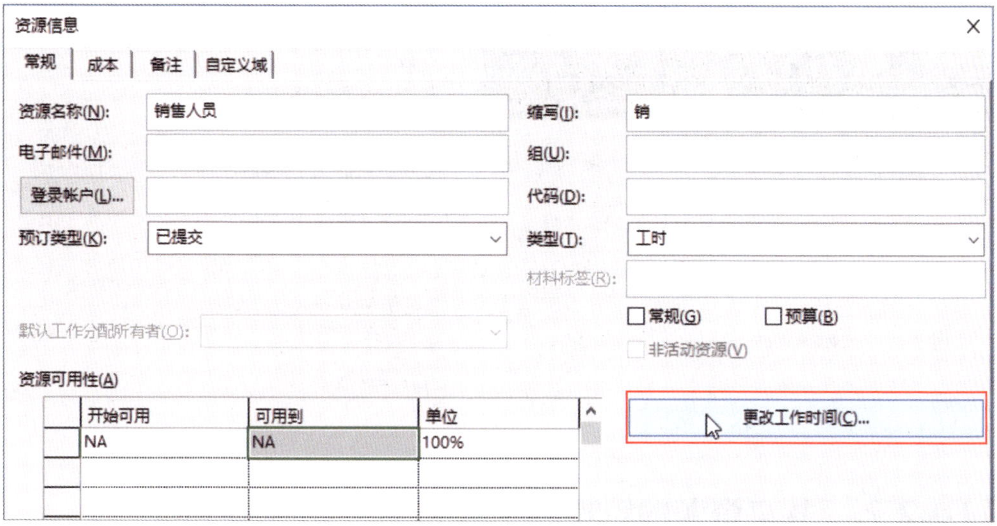

图 10-19

在打开的"更改工作时间"对话框中设置例外日期，即可更改资源的工作时间，如图10-20所示。

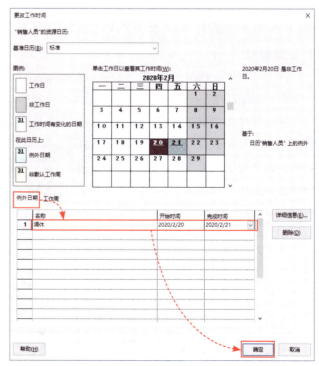

图 10-20

3. 更新工作分配

将所有资源共享文件打开，在任意一个文件中打开"视图"选项卡，在"资源视图"组中单击"资源使用状况"按钮，切换到"资源使用状况"视图，如图10-21所示。

在另外一个资源共享文件中选择任务，打开"资源"选项卡，在"工作分配"组中单击"分配资源"按钮。弹出"分配资源"对话框，选择未分配的资源，单击"分配"按钮，即可为指定的任务分配资源，如图10-22所示。

 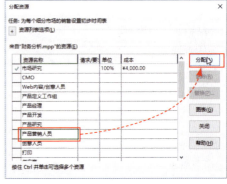

图 10-21　　　　　　　　　　　　　　　图 10-22

10.2.2　共享资源的管理

为了确保资源能够被合理应用，解决资源过度分配的问题，需要对共享资源进行一系列管理。下面对管理共享资源的方法进行详细讲解。

1. 资源调配

打开"资源"选项卡，在"级别"组中单击"调配选项"按钮。

系统即弹出"资源调配"对话框。在该对话框中可设置调配的计算方式和计算范围，设置完成后单击"全部调配"按钮即可，如图10-23所示。

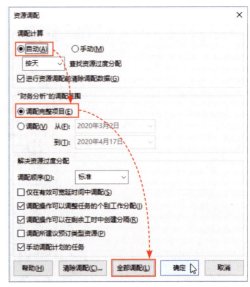

图 10-23

2. 设置资源的优先级

打开资源池文件，在"项目"选项卡中的"属性"组内单击"项目信息"按钮，在弹出的对话框中设置资源的优先级值即可，如图10-24所示。

图 10-24

3. 设置任务的优先级

在共享资源文件中打开"任务"选项卡，在"属性"组中单击"信息"按钮，弹出"任务信息"对话框，设置优先级为"1000"，如图10-25所示。

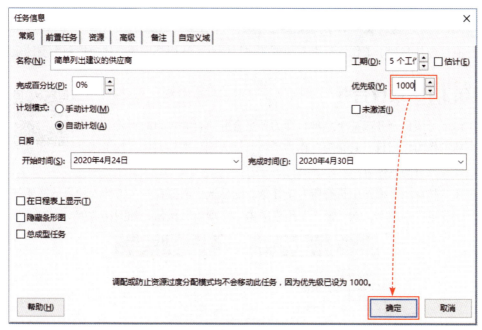

图 10-25

> **知识点拨**
>
> 当任务的优先级设置为1000时，调配资源或防止资源过度分配的模式下，当前任务将不再被移动。

动手练 了解资源的使用情况

若要更好地调配资源、实时掌握资源的使用情况，还需要充分了解资源的使用情况。例如了解资源的工时、实际工时、剩余可用性等信息。

切换到"资源使用状况"视图，打开"资源使用状况–格式"选项卡，在"详细信息"组中勾选"工时""实际工时""剩余可用性"等复选框，即可在视图中查看相应信息，如图10-26所示。

图 10-26

10.3 项目合并与管理

项目合并有利于工作人员查看和更新项目信息，从而帮助用户快速规划大型的项目。

10.3.1 项目合并

将多个项目合并成一个总项目即为项目合并。合并项目时可将其中一个项目作为主项目，其余项目作为子项目插入到主题项目中。接下来介绍合并项目的具体方法。

在"甘特图"视图中折叠所有子任务。随后选中需要在其上方插入项目的摘要任务，打开"项目"选项卡，在"插入"组中单击"子项目"按钮，如图10-27所示。

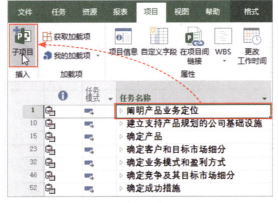

图 10-27

在弹出的"插入项目"对话框中选择需要插入的项目文件，单击"插入"按钮即可在所选任务上方插入项目，如图10-28所示。

图 10-28

创建项目后，可显示"项目"域，为查找插入项目中的任务提供便利。在"甘特图"视图中右击"任务名称"域标题，在弹出的快捷菜单中选择"插入列"选项，在列表中选择"项目"选项，如图10-29所示，视图中随即添加"项目"域并显示出项目名称，如图10-30所示。

图 10-29　　　　　　　　　　图 10-30

10.3.2 项目链接

为了保证合并项目中的子项目能够按照合并后的顺序正常执行，需要创建项目链接，下面介绍如何创建项目链接。

选择子项目中的所有任务，按住Ctrl键不放继续选择子项目上方和下方的主项目任务。打开"任务"选项卡，在"日程"组中单击"链接选定的任务"按钮，即可为合并项目创建链接，如图10-31所示。

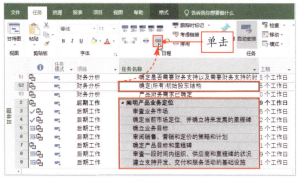

图 10-31

10.3.3 同步项目信息

利用多项目的共同性创建了信息同步后，若用户更改了子项目的信息，主项目信息也会同步更改，反之亦然。接下来详细介绍如何创建多项目信息同步。

同时打开主项目和子项目文档，打开"视图"选项卡，在"窗口"组中单击"全部重排"按钮，让主项目和子项目在同一个窗口中显示，如图10-32所示。

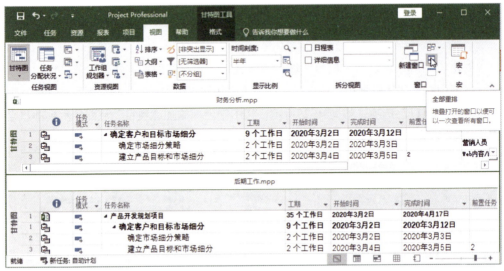

图 10-32

在主项目文档中修改指定任务的工期，按Enter键后，子项目文档中对应任务的工期随之发生改变，如图10-33所示。同理，若修改子项目中的内容，主项目也会同步更改。

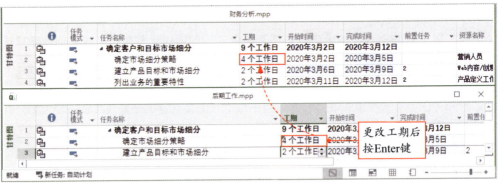

图 10-33

案例实战：合并游乐园开发项目

一个大型的项目往往是由多人分别负责项目中的不同环节，为了方便管理项目资源，促使项目在规定的时间内完成，还需要将多个项目合并到一个主项目中。本案例实战详细介绍游乐园开发项目的合并技巧。

Step 01 打开项目文档，在"甘特图视图"组中选择最顶端的摘要任务，打开"项目"选项卡，在"插入"组中单击"子项目"按钮，如图10-34所示。

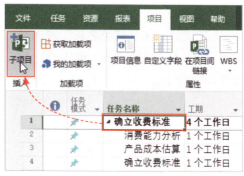

图 10-34

Step 02 弹出"插入项目"对话框，选中需要插入的项目文档，单击"插入"按钮，如图10-35所示。

图 10-35

Step 03 视图区域中所选摘要任务的上方随即插入新的项目内容，如图10-36所示。

图 10-36

Step 04 参照Step 01、Step 02继续向当前项目文档中添加新的项目信息。随后在新插入的项目信息行号位置单击，将整行内容选中。将光标移动到所选行的下方边线上，当光标变成" "形状时按住左键不放并向目标位置移动，如图10-37所示。

Step 05 在移动的过程中，会出现一条灰色的粗实线，当这条粗实线出现在目标位置时松开鼠标，所选任务即可被移动到相应位置，如图10-38所示。

图 10-37　　　　　　　　　　图 10-38

Step 06 右击"任务名称"域标题，在弹出的快捷菜单中选择"插入列"选项，如图10-39所示。

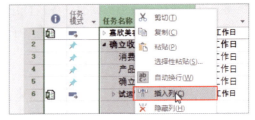

图 10-39

Step 07 视图中出现一个新的列并展开一个下拉列表，在该列表中选择"项目"选项，如图10-40所示。

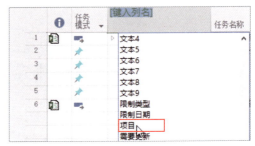

图 10-40

Step 08 视图中被插入了一个"项目"域并显示出每个任务所在的项目名称。右击该"项目"域标题，在弹出的快捷菜单中选择"域设定"选项，如图10-41所示。

图 10-41

Step 09 系统弹出"字段设置"对话框，在"标题"文本框中输入"项目类别"，单击"确定"按钮，如图10-42所示。

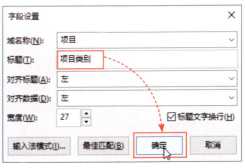

图 10-42

Step 10 在视图区域可以观察到原本的"项目"域标题被更改为"项目类别"。切换到"报表"选项卡,在"导出"组中单击"可视报表"按钮,如图10-43所示。

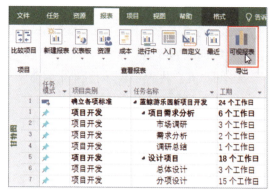

图 10-43

Step 11 弹出"可视报表-创建报表"对话框,取消勾选"Microsoft Visio"复选框,在"全部"界面中选择"资源工时可用性报表"选项,单击"查看"按钮,如图10-44所示。

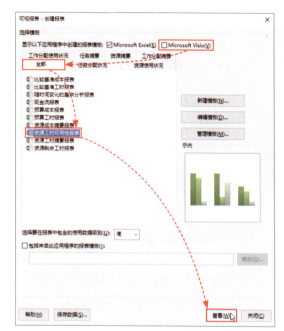

图 10-44

Step 12 系统自动打开一份Excel文件并在该文件中生成"资源工时可用性报表"图表,如图10-45所示。用户若要保存该图表,可对Excel文件执行"另存为"操作。

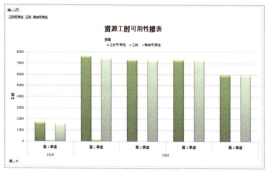

图 10-45

新手答疑

1. Q：如何取消资源共享？

A： 可以在"共享资源"对话框中取消资源共享，具体操作方法如下：

打开"资源"选项卡，在"工作分配"组中单击"资源池"下拉按钮，在弹出的列表中选择"共享资源"选项。打开"共享资源"对话框，在该对话框中选择"使用本项目专用资源"单选按钮，最后单击"确定"按钮，即可取消共享资源，如图10-46所示。

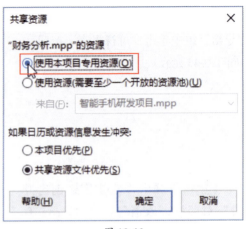

图 10-46

2. Q：如何断开资源池与共享资源文件的链接？

A： 可以在"共享链接"对话框中断开链接，具体操作方法如下：

在"资源"对话框中的"工作分配"组内单击"资源池"下拉按钮，在弹出的列表中选择"共享资源"选项，打开"共享资源"对话框，从中选择需要断开链接的项目，单击"断开链接"按钮即可断开链接，如图10-47所示。

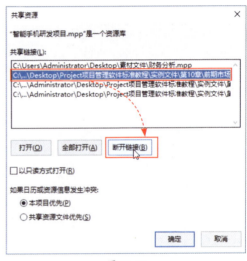

图 10-47

3. Q：如何快速查看资源的工作信息？

A： 在"资源使用情况"视图中选中资源名称，打开"任务"选项卡，在"编辑"组中单击"滚动到任务"按钮，视图区立即滚动到该资源的工作信息位置，如图10-48所示。

图 10-48